U0021816

跟著943搭台灣好行

15元起跳的自遊提案

943 — 著

目錄

雙北、宜蘭

台灣北部海岸擁有非常秀麗的風景，從獨特的地質生態景觀，像是野柳、石門老梅綠石槽，知名景點如富貴角燈塔、白沙灣或金山及礁溪的溫泉，到歷史文化遺跡，像是水湳洞、金瓜石、九份的水金九礦業，以及可擁抱龜山島和藍色太平洋的東北角各漁港，都是令人百遊不膩的好地方。

白天搭乘台灣好行「皇冠北海岸線」沿著海岸散步，欣賞富貴角燈塔與老梅綠石槽，晚上舒服地在金山溫泉泡湯休息。搭乘「黃金福隆線」見證瑞芳、九份、黃金博物館的昔日礦業興衰，也可欣賞沿途絕美海景，如福隆、金沙灣。往東到達宜蘭礁溪泡溫泉，隔天搭乘「宜蘭東北角線」在漁港品嚐新鮮海味，一路玩到三貂角的馬崗燈塔，輕鬆暢遊東北角海岸各景點。

交通部觀光局提供

台灣最北的海天美景

皇冠北海岸線　乘車路線　716

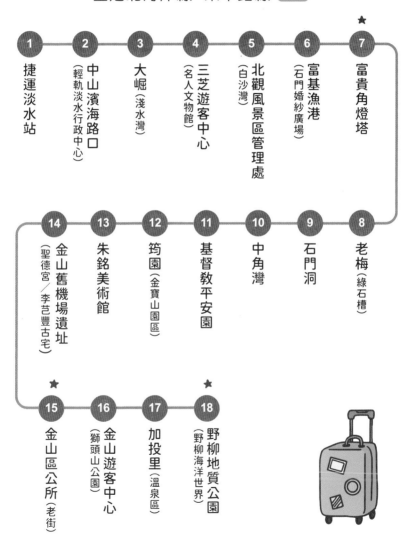

1 捷運淡水站

2 中山濱海路口（輕軌淡水行政中心）

3 大崛（淺水灣）

4 三芝遊客中心（名人文物館）

5 北觀風景區管理處（白沙灣）

6 富基漁港（石門婚紗廣場）

7 ★ 富貴角燈塔

8 老梅（綠石槽）

9 石門洞

10 中角灣

11 基督教平安園

12 筠園（金寶山園區）

13 朱銘美術館

14 金山舊機場遺址（聖德宮／李芑豐古宅）

15 ★ 金山區公所（老街）

16 金山遊客中心（獅頭山公園）

17 加投里（溫泉區）

18 ★ 野柳地質公園（野柳海洋世界）

富貴角燈塔

　　富貴角的地名源於 18 世紀時荷蘭人稱此地爲「hoek」，意思是海岬，後來就以「hoek」音譯稱呼「富基角」，日治時期更名爲「富貴角」。富貴角燈塔完工於 1897 年，是日治時期興建的第一座燈塔，100 多年來默默地守護了台灣向北船隻的航海安全。富貴角燈塔的特殊之處在於爲因應秋冬季節大霧瀰漫的海象，不只設置燈光，塔內還設置了「霧笛」以方便往來行船聽聲辨識方向，避免船隻互相相撞；霧笛的音量可傳到 7 公里以外之遠。富貴角燈塔也是全台灣唯一設有「霧笛」的燈塔。943 覺得富貴角燈塔的黑白造型非常時尚，不用辛苦爬山，還可順便欣賞風稜石，是相當超值的景點。

📷 富貴角迷宮

位於富貴角公園入口處的老梅迷宮又稱「富貴角迷宮」，是在草地上以低矮紅磚牆製作的低難度迷宮，也是網美取景和小朋友嬉戲的好所在，但需注意防晒和防蚊。

海邊的「風稜石」則是從大屯山噴發崩落至此的安山岩，經過東北季風長年夾帶細沙的吹拂，逐漸侵蝕而形成尖銳切面的稜角，黑得發亮的岩石在藍色海水映襯下，好看又好拍。

老梅綠石槽

　　每年春季退潮時才見得到的老梅綠石槽，是相當特殊的地質景觀。這是由於大屯火山爆發後流至海邊形成的火山礁岩，沿岸經海浪侵蝕沖刷形成溝槽。每年東北季風盛行時，海浪讓礁岩溝槽滋生一層海藻石蓴，形成綠色石槽，到東北季風稍歇及端午前後，石槽上的海藻就會隨著日晒逐漸消失。若想拍攝美麗的老梅綠石槽，最好留意時間，因為綠石槽是季節性出現的美景。一般春季至端午節間才能看到整片像夢幻地毯般的綠藻，但初春2、3月時天冷風大，建議4、5月造訪是最佳季節。

觀光局資訊室提供

　　造訪富貴角燈塔，建議最好從「富貴角公園」靠近「老梅迷宮」那側入口進入，經過一小段巨大樹蔭的「綠色隧道」後大約 100 公尺就是老梅迷宮，在此拍照並稍事休息後再繼續走約 10 分鐘，即可看到一條小路能直接來到海灘欣賞「老梅綠石槽」。回到步道再走約 10 分鐘即可抵達富貴角燈塔，沿途行經美麗海灣時還能欣賞黑色巨大的風稜石。走累了，正好出口就是富基漁港，在此大啖海鮮、吃飽喝足後再搭乘大眾運輸工具離開，就是完美的一日遊路線。

📍 **富貴角燈塔**

🏔 新北市石門區富基里

📞 02-26381049

🔽 燈塔內部禁止進入，可在園區內自由參觀拍照。
　　夏令時間 9:00-18:00、冬令時間 9:00-17:00，週一休息。

野柳地質公園

　　野柳是從大屯山脈延伸至海中的岬角地形，歷經海水侵蝕、風化及地殼運動等作用，造就了燭狀石、蜂窩岩、豆腐岩、蕈狀岩、壺穴、溶蝕盤等各種特殊地質景觀。其中最有名的是女王頭，因風化日漸加劇，現也開始主打「俏皮公主岩」作為女王頭的接班人，此外還有仙女鞋、燭臺石等奇特地形。儘管不少人在國小校外教學就已去過野柳，但仍不斷有新亮點，北海岸及觀音山國家風景區管理處定期舉辦「夜訪女王頭」及水幕光雕秀等活動，成了最新的熱門行程。

野柳地質公園

⛰ 新北市萬里區野柳里港東路 167-1 號

📞 02-24922016　　🕐 8:00-17:00，夏季（7、8 月）9:00-18:00

🔖 全票 120 元（一般遊客）、優待票 60 元（學生、兒童、長者、ISIC 國際學生證持證優待）。

金山溫泉

　　金山溫泉已有 100 多年歷史，主要是大屯山脈的火山地熱，有些在金山處露出並混入些許溫泉，包含酸性硫磺泉、鹼性硫磺泉、中性碳酸泉、青磺、白磺、碳酸泉等泉質，例如大埔溫泉為酸性氯化物泉，PH 值約介於 1.5~2.5 間。從陽金公路到北海岸加投里都有不少溫泉飯店、渡假村可供選擇，像是可泡免費溫泉的金包里公共浴室和泡腳的礦港溫泉公共浴池。泡完溫泉也可逛逛以慈護宮為中心的金山老街（金包里老街），至今已有 300 多年歷史，知名伴手禮有番薯、麻荖，還有鴨肉、蚵仔酥等小吃。943 吃過媽祖廟慈護宮旁的兄弟食堂，覺得也不可錯過，招牌菜色有粉嫩又入味的香煎豬肝、外酥內 Q 的墨魚香腸、口感特殊的花椰菜炒大腸、冬瓜排骨湯等，都是內行人的必點菜色。

遙想古城淘金歲月

黃金福隆線　乘車路線　856

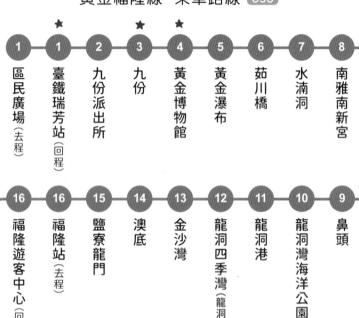

1	★1	2	★3	★4	5	6	7	8
區民廣場（去程）	臺鐵瑞芳站（回程）	九份派出所	九份	黃金博物館	黃金瀑布	茹川橋	水湳洞	南雅南新宮

16	16	15	14	13	12	11	10	9
福隆遊客中心（回程）	福隆站（去程）	鹽寮龍門	澳底	金沙灣	龍洞四季灣（龍洞南口海洋公園）	龍洞港	龍洞灣海洋公園	鼻頭

17	18	19	20	21
香蘭	大香蘭	卯澳	佛祖廟	馬崗（三貂角燈塔）

 瑞芳瓶燈祈福

　　位處金瓜石與九份等金礦產區附近的瑞芳，自清代以來，就是台北和宜蘭經由基隆河水路運輸的必經之地。相傳由於當時有家雜貨店貨色齊全，成為宜蘭噶瑪蘭一帶工人往返金礦區上工的中途補給站，日子一久，商號「瑞芳」就成了小鎮的地名；而商鋪開在名為「柑仔瀨」的渡口，也讓「柑仔店」成了雜貨鋪的代名詞。

　　瑞芳一帶的「瑞三煤礦」在戰後一度成為全台灣產量最大的煤礦，鑛脈淘盡停採後，1990 年代起，瑞芳、九份一帶因《戀戀風塵》、《悲情城市》、《無言的山丘》、《多桑》等知名電影取景影響而聲名大噪，逐漸轉型為以煤礦為主題的旅遊景點。

　　若想走訪基隆周邊煤礦小鎮，感受昔日的懷舊風情，卻又不想與太多觀光客人擠人，不妨搭乘台灣好行「黃金福隆線」到瑞芳火車站，體會老街豐富的人文底蘊。瑞芳老街近年將回收的廢棄空瓶清洗消毒後，以彩繪、編織、LED燈等裝飾，妝點火車站後站周邊各角落，使得原本不見天日的陰暗陋巷，亮起了充滿藝術感的點點星光。

　　瑞芳瓶燈的發想來自於古早年代礦工們將酒瓶製作成瓶燈來照明、保平安，還有一種上方盛水、下方裝電土的電土瓶燈，上方水滴入碳化鈣的電土即會產生火光。若礦坑中氧氣不足，電土燈火隨之熄滅，如此一來，礦工便知氧氣不足不宜久留，成為「保命燈」。

　　在瑞芳後火車站隔壁的民眾服務社，二樓「瑞芳老街創生基地」可體驗瓶燈彩繪DIY，用彩繪玻璃的顏料將自己喜愛的圖案或祈福文字畫上，這種以回收瓶燈祈福的方式，非常環保。

品味老街故事

　　若走一趟瑞芳老街，你會發現，沿途有許多保留古老歲月痕跡的建築，包括瑞三煤礦總公司所在的義方商行。沿著重新翻新的輕便車軌道走入民家巷弄，各家後門是迷你小巧的階梯，一個轉彎，就能看見由老街居民與當地學生共同製作的藝術彩繪瓶燈，讓原本老舊不堪的角落成了令人忍不住拿起相機捕捉美麗的場景。「民眾服務社」樓下有間每天還沒開店就大排長龍的佛心自助餐，花小錢就能吃飽飽。門口有阿伯經營曾養活了一家十口人的香腸小攤，也是傳承兩代的好滋味。若想一面吃複刻昔日礦工便當的簡餐，一面聆聽懷舊經典名曲，斜對面的「讓咖啡」不只有黑膠唱片、老唱機和老照片，還有老闆抒情的薩克斯風及鋼琴演奏。

瑞芳火車站後方曾為貨運行的百年老建築，進駐了新村芳書院。民宿主人不賣書，只導讀經典，還將屋旁的小路，打造成擁有溫暖燈光細窗和影子貓屋頂的「轉運小巷」，讓窄小陰暗的通道，搖身一變，成為行人的幸福之路。由此可見，瑞芳老街每個在地人情故事都值得細細品味。

 ## 九份在地玩法

　　許多人對九份的印象停留於老街商家、豎崎路的燈籠串和階梯旁矗立的茶樓，其實這些只能算是遊覽九份的入門款。趁著疫情期間沒有大量觀光客湧入，943兩次來到九份，試圖尋找這山城小鎮被商業包裝遮蔽的原始樣貌。由於讓九份從默默無名到爆紅的電影《悲情城市》年代已久遠，我在腦海中搜索了印象深刻的外國山城，想起多年前曾造訪過的日本長崎。長崎有部由田中裕子和岸部一德主演的電影《何時是讀書天》，斜風細雨裡上山下山的長長階梯，令人悠然神往，九份也有類似的風情。

　　如果想來一趟「感受九份人生活」的旅行，建議不妨在當地民宿住上一晚，坐擁山海美景。在這裡，春可賞櫻、夏乘涼、秋觀芒草、冬品雲霧，就算遇上細雨濛濛、大霧瀰漫，在樓梯民房間

穿梭，偶遇巷內的貓，也是很有原汁原味的「九份氛圍」。還能在民宿主人的指點下，走在地人才會走的輕便路，亦即昔日運煤台車鐵軌的平路，不用上下階梯就能穿越九份，來趟「沒有店家、只有人家」的深度旅遊路線，充分感受九份傳統的「三黑」——黑色天空、黑色柏油屋頂、被煤炭染黑的人們。

在九份，若要喝茶又不想遇上大量人潮，原名天空之城的「水心月茶坊」是不錯的選擇。它是九份茶樓始祖，也是藝術家洪志勝在九份開設的第一家茶坊。百年古厝的視野絕佳，在此不但能欣賞油畫、陶藝等各種藝術作品，也可尋找九份古早的人文風情。

　　在店裡聆聽專業泡茶人員解說泡茶的程序，可增進不少品茶知識，例如第一泡 50 秒，第二泡 10 秒、第三泡 15 秒，每多泡一次就多增 5 秒的訣竅。愛茶主人夫婦設計的講究茶具，如止滑壺、金銀花白柚壺，以及陶藝家女主人創作的貓燈等作品，也可體驗山中人家的閒適逸情和藝術家的生活美學。

　　到「水金九物以類聚共享空間」體驗吃金箔、搽黃金保養品，是有趣的五感體驗。另外，逛九份老街時可沿著階梯往下走短短幾步，來到輕便路口的昇平戲院；它最早興建於 1934 年（昭和 9 年），不但是新北最早戲院，也是台灣北部少數僅存的老電影院，現有外觀是 1960 年代重建，不少電影都曾在此取景，免費開放，當時的老放映機、電影海報等文物。

九份人才知道的「穿屋巷」

　　「穿屋巷」是在地人為了穿梭由「丰」字型道路組成的小鎮，避開主要道路人潮所走的捷徑。有些不見天日，有些崎嶇蜿蜒，看似沒有出路的死巷；有些比鹿港摸乳巷還要狹窄，有些甚至要穿越別人家的屋頂或地下室，但都很有山村聚落的獨特氛圍，也是感受九份人情味和空間感的絕佳方式。

 黃金博物館

　　金瓜石最富盛名的景點就是高人氣的黃金博物館，在富含金銅礦的水金九地區（水湳洞、金瓜石、九份）一帶，忠實保存了當地獨樹一格的礦業文化與聚落歷史。遊客可以戴上安全帽走在本山五坑礦坑道，體驗當年礦工的生活，手摸 220 公斤及市價高達 3.4 億的大金磚沾沾財氣。也可在昔日礦業株式會社員工宿舍的四連棟古蹟中窺見半世紀前的日式住宅，宛如一秒置身日本，由於園區廣大、主題豐富，非常適合親子前來一遊。

📍 黃金博物館

🏠 新北市瑞芳區金光路 8 號

📞 02-24962800

🕐 週一～週五 9:30~17:00，
週六、週日及國定假日
9:30~18:00

🏷 一般身份 80 元、長者學生等免費。

🌐 www.gep.ntpc.gov.tw

　　台北盆地四周擁有豐富的山林資源，陽明山是既能賞花又能泡溫泉的好地方，春季從 1 月的茶花展開序幕，2 月盛開各色櫻花，竹子湖地區 3 到 4 月的海芋盛開，緊接著是 6 月的繡球花，都是精彩的亮點。山腳下的北投有溫泉博物館及地熱谷，陽明山上則有許多賞心悅目的步道和人文歷史景點，只要搭乘大眾運輸工具即可銜接台灣好行巴士，走進山林就能做個森呼吸，暫時遠離都市塵囂，就能來一趟充滿活力的日歸小旅行。

　　搭乘台灣好行巴士車資只要 15 元起，不但能輕鬆將各景點完美銜接，還能達到節能減碳的目的，是 943 十分推薦的旅遊行程。

陽明山祕境採海芋

北投竹子湖線 乘車路線 小9

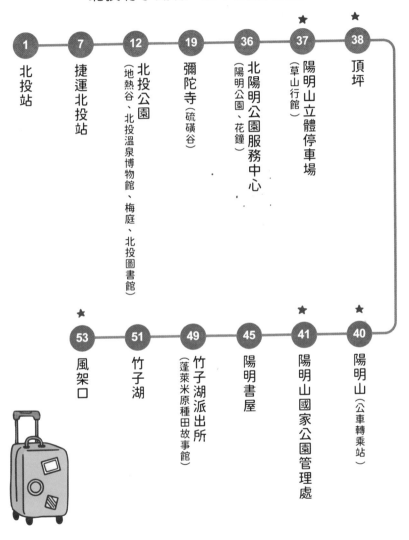

1 北投站

7 捷運北投站

12 北投公園（地熱谷、北投溫泉博物館、梅庭、北投圖書館）

19 彌陀寺（硫磺谷）

36 北陽明公園服務中心（陽明公園、花鐘）

★ **37** 陽明山立體停車場（草山行館）

★ **38** 頂坪

★ **53** 風架口

51 竹子湖

49 竹子湖派出所（蓬萊米原種田故事館）

45 陽明書屋

★ **41** 陽明山國家公園管理處

★ **40** 陽明山（公車轉乘站）

 陽明山步道散策

　　大家都知道陽明山花鐘，但少有人曉得花鐘上方有個日治時期就存在的美麗花園「羽衣園」和神祕鳥居。搭台灣好行小9「竹子湖線」到陽明山站，可一路從前山公園逛到陽明山郵局旁的草山防空洞（一號出口）。從湖畔山路走到「第二接續口」站即是湖山綠地公園，春天可賞櫻花、杜鵑、水仙等植物；繼續沿著湖山道路和公車路線，即是「橫嶺古道」和湖山國小步道入口；也可走到「湖山祕境環狀步道」欣賞曹家櫻園，以及有開國元老于右任題字落款的小隱潭。再下一站「頂坪」，周遭有不少原為土銀、台電、台大資產的日治時期老宅，現多作為溫泉招待所。下一站草山行館（陽明山立體停車場站），再走一站即是花鐘（陽明公園服務中

心站），可從面對花鐘的右手邊馬路走到青春嶺（大屯瀑布／陽明瀑布）步道入口，或再往上來到神祕鳥居及近百年前曾爲煤礦大亨山本義信私人庭院的羽衣園，人煙稀少，卻充滿日式庭園的美感，媲美人間祕境。雨天路滑時建議從王陽明銅像上山，再從青春嶺步道口下山。來到花鐘前，別忘了欣賞原本是停車場的「櫻花林溪流景觀區」，此處是將使用率低的大停車場刨除柏油路面後，恢復原有的溪流，並且聘請日本庭園造景專家利用在地的火山岩巨石，布置出極具天然美感的日式櫻花林巨石庭園景觀，無論從什麼角度拍攝，都非常吸引人。

花谷海芋園

竹子湖在日治時期曾是培育蓬萊米的所在，因濕冷氣候和微酸性土質十分適合種植海芋，現在是台灣最大的海芋田。上陽明山賞海芋，建議可在早上先到擁有小油坑得天獨厚美景的花谷海芋園，或隔壁由園主哥哥經營的財福海芋園。這兩家是竹子湖少數可以下田體驗採摘海芋的花田。花 150 元入園，可穿青蛙裝採 6 朵或帶小盆栽回家。穿上青蛙裝，踩在濕田的泥地時需留意，田中央泥巴較深，下田務必緩慢移動。

採海芋的訣竅是選擇含苞待放，只開三至五成的海芋，若已有花粉表示已經過熟，採下後較不耐久。摘取時宜反手伸到海芋綠莖的底部拔起，若聽到「啵」一聲就表示成功拔起，注意別過度用力，重心不穩而跌倒。若遇上雨天，也可體驗海芋花束包裝 DIY教學，或是輕鬆享受海芋造型甜點、肉桂捲或鬆餅的下午茶饗宴。

📍 花谷海芋園

⛰ 台北市北投區竹子湖路 68 號旁

📞 0916-754684　🕐 10:00-18:00

海芋花束包裝 DIY 教學，滿 20 人開班，
歷時約 1 個多小時。

苗榜海芋田

　　中午離開「頂湖」後，也可到「下湖」的苗榜海芋田用餐，這是竹子湖最大海芋田。老闆是農專科班出身，多年前就看出採海芋商機，而率先開放農園觀光，供人採摘海芋，但也因為管控不易，最早中止採花。這裡的花朵盛開，形狀也頗美。園內有花車等簡單造景，並販售農產和花。海芋 5 支 100 元，入園費 150 元可抵消費，提供各種台式餐點和飲料。

　　若想來趟竹子湖一日遊，943 建議可沿途參觀蓬萊米原種田故事館、高家公廳半月池、野溪步道、人工柳杉造林地。非假日時段，台北市農會也有推出一日遊行程喔！

📍 **苗榜海芋田**
⛰ 台北市北投區竹子湖路 56-7 號
📞 02-28615419
🕙 10:00-19:30，週二休

芋見你，真好

29

　　平溪支線由於擁有鐵道、天燈、十分瀑布等豐富觀光元素，遊客絡繹不絕，2019 年搭乘台灣好行平溪線人潮更堪稱全台第一。近年十分瀑布設置了可以同時欣賞十分瀑布和眼鏡洞瀑布的「十分友善步道」，就在台灣好行終點站。若想賞遊平溪地區，搭乘台灣好行巴士，比起搭火車繞行基隆更省時、省力又省錢。

暢遊鐵道與老街的低碳之旅

木柵平溪線 乘車路線 795

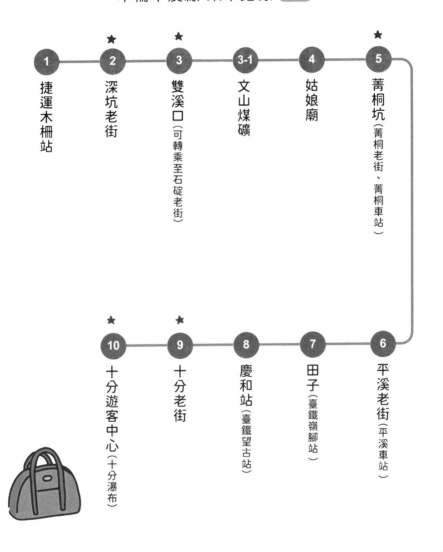

① 捷運木柵站

★② 深坑老街

★③ 雙溪口（可轉乘至石碇老街）

3-1 文山煤礦

④ 姑娘廟

★⑤ 菁桐坑（菁桐老街、菁桐車站）

⑥ 平溪老街（平溪車站）

⑦ 田子（臺鐵嶺腳站）

⑧ 慶和站（臺鐵望古站）

★⑨ 十分老街

★⑩ 十分遊客中心（十分瀑布）

 菁桐

　　搭乘台灣好行巴士在「菁桐坑」站下車，首先映入眼簾的就是巨大天燈造型的「菁桐電子天燈館」。若擔心放天燈不環保，只要在二樓咖啡店的電子天燈專用明信片上寫下祈福的話語，交給店家掃描後，就可以在戶外觀看 9 公尺高、以將近 20 萬顆 LED 燈組成的巨型電子天燈，欣賞長達 7 分鐘的天燈秀，不但可用相機紀錄自己的心願，還可以把明信片寄回家，是不是很有紀念意義呢？也有人用電子天燈求婚，現場播放紀念照片和影片，接受眾人的祝福。

　　從菁桐電子天燈館走約 2 分鐘，即可來到位在一片綠意中的日式宿舍建築群，這裡曾是台陽鑛業的日本高級職員宿舍，有將近百年歷史。從車站方向漫步過來，最早看到的是台陽公司招待所「眞樸齋」，接著是「若元錠」廣告中爺爺奶奶出現的拍攝場景「北海

道民宿」，還有曾拍攝許多廣告的礦長宿舍「皇宮」。由於是宿舍群中唯一獨棟建築，又是礦業公司最高主管的住宿，當時就有「皇宮」的暱稱。從日式宿舍群的民生橋可眺望基隆河源頭，宛如梯田般綠意無限的蛇籠護岸，搭配深色的日式古蹟，融合了自然與日本風格之美，怎麼拍都好看。

回到電子天燈館，再走不到 200 公尺，即可抵達菁桐火車站，許多遊客搭平溪小火車只去十分與平溪兩站，其實是很可惜的，因為菁桐站也極具特色。具有 80 年歷史、白色木造建築的菁桐車站，是廣告經常取景的美麗小站，若喜歡拍攝鐵道主題，943 推薦到遊客較少的菁桐站盡情拍攝。因為是終點站，一小時一班的火車停留在菁桐的時間最久，比起遊客眾多的平溪和十分站，更能從容不迫地進行拍照。

在短短一條菁桐老街，可品嚐古早味漂浮紅茶和麵茶，無論是傳統式沖熱水的麵茶，或夏天吃的麵茶冰，相信都各有擁護者；此外也可以購買竹筒寫上心願，掛在鐵道旁祈福。或跨過鐵道爬上階梯，來到曾是昔日礦坑入口的「石底大斜坑」眺望周邊的山；當夜幕低垂後，斜坑對面的舊倉庫遺跡空地，也是每年 4 月到 5 月欣賞螢火蟲的好地方。

新平溪煤礦博物園區

　　放完電子天燈、拍完鐵道照，接下來的重頭戲就是去「新平溪煤礦博物園區」搭平溪的運煤小火車。這台小火車的來頭可不小，是台灣最早電氣化且目前仍保留運行的電氣化小火車。當台鐵還在用蒸氣和柴油火車載客的 1960 年代，礦業公司就已經從日本引進電氣火車頭拉煤礦了。小火車頭有著鮮黃色外型，加上前方的大圓孔，造型接近美國動畫中的小小兵，當年日本製造廠則依據民間故事給它取名「獨眼小僧」，這個可愛暱稱讓它成了不少鐵道迷趨之若鶩的古董車，據說還有日本遊客專程搭機來台拍攝這輛獨眼小僧呢！

有意思的是，獨眼小僧的駕駛都是高齡七、八十歲的阿嬤，因為在男人都去當礦工的年代，運煤車的駕駛都是女性。這些阿嬤們還考到駕駛執照，內容包括要能在野外獨自將脫軌的沉重台車搬回軌道，著實不易。

現役的獨眼小僧是改用電瓶供電的複製品，雖然無法看到使用集電弓碰觸電力線時電光石火、滋滋作響的震撼畫面，但坐在運煤台車中，體驗昔日被載去洗澡的煤礦，當一回「礦男煤女」也是趣味十足。

搭乘觀光台車從園區內的礦坑坑口慢速來到 1.2 公里外的月台公園，途中會經過一小片彷彿龍貓會隨時出現的森林，坐在台車矮矮的長木條上，也能體驗些許昔日礦工蹲在台車中被載入礦坑的感覺。總之，相較於入門款的黃金博物館，喜歡原汁原味的朋友，更可來新平溪煤礦博物館體驗礦工的原始工作情景。

新平溪煤礦博物園區

新北市平溪區里頂寮子 5 號

02-24958680　　9:00-1700，週一、週二休息

200 元。

www.taiwancoal.com.tw

 十分友善步道

　　十分瀑布是全台灣最大簾幕式瀑布，有「台灣尼加拉瀑布」之稱，寬 40 公尺，落差高度 20 公尺。過去看十分瀑布只能從側面看，但 2021 年底完工的「十分友善步道」則可看到十分瀑布全景和後方的眼鏡洞瀑布。步道全程 400 公尺平緩寬敞，還可推娃娃車和輪椅行走；943 實測從台灣好行終點「十分遊客中心」站走到步道觀景台只要 15 分鐘，沿途都是綠意，充滿芬多精，很適合全家大小一起前來做「健康森呼吸」，真的十分友善呢！

📍 十分友善步道

🕘 9:00 開放，16:30 為最後入園時間，6 月至 9 月間則為 17:30。

石碇老街

　　台北盆地週邊石碇、深坑一帶的郊山，都是踏青的好去處。100多年前，從宜蘭礁溪、坪林一帶採收的茶葉，一路經過深坑、石碇後走水路運送到大稻埕與艋舺出口，因此石碇曾與汐止、竹東並稱「北台灣三大茶市」。這條連接淡水廳（台北等地）到噶瑪蘭的淡蘭古道，如今一部分成了北宜公路，一部分興建為國道 5 號高架道路。

　　淡蘭古道在國道 5 號施工時重現，石碇段就成了不少人健行的好去處。其中坪林到石碇之間的古道名「冷飯坑」由來，是因為先人走到此處時攜帶的飯包多已冷卻；「蹦蹦嶺」則是昔日踏著河中石板，會有巨石和水聲的回音傳來蹦蹦聲而得名。搭乘台灣好行在石碇溪與永定溪交會的「雙溪口」下車，就是淡蘭古道石碇段的起點，這兩公里的路程又稱「外按古道」，很適合沿著溪水，在樹蔭中健走。

　　走完步道，從老街石碇西街過橋的溪邊，有家名為「HA SOCK 襪子娃娃」的文創小店，提供襪子魚 DIY 體驗。石碇作為翡翠水庫的水源保護區，實行封溪護魚，當地的魚不能抓也不能帶走，DIY 襪子魚可作為紀念。襪子娃娃不但每個都有「出生證明」，還很有人生哲理，例如有對娃娃要靠著放才能直立，寓意是「人與人互相依靠，一起站起來」，那天同行的同行夥伴也愛不釋手，購買不少回去分送給親朋好友。

　　從石碇搭乘台灣好行，即可來到有著「全台最乾淨老街」稱號的深坑老街。早年深坑石碇一帶大量種茶，深坑老街因為是茶葉集散中心而商業繁盛。長約 200 公尺老街以紅磚樓房為主，從木製版畫門牌到水溝蓋都裝飾得很美觀。老街上「德興居」洋樓的巴洛克雕飾立面和花磚，色彩鮮豔，是黃氏家族祖先黃德隆在九份開採金礦致富後建造的。這棟興建於 1926 年的三層樓洋房，被譽為深坑老街上最豪華的建築。

　　來到深坑就是要吃豆腐，街上有不少豆腐類小吃，例如串燒臭豆腐、炸臭豆腐、碳烤臭豆腐、豆腐冰淇淋等，其中「豆腐娘」味道不錯，價格也實惠。到老街遊玩還可以租借古裝拍照，老街入口處有好幾幢紅磚屋及深巷都很有味道，是不錯的拍照景點。

從海港到溫泉的療癒路線

宜蘭東北角海岸線 乘車路線 綠19

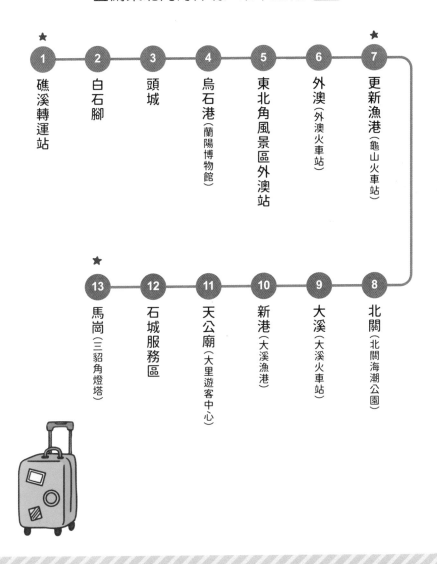

★						★
1	2	3	4	5	6	7
礁溪轉運站	白石腳	頭城	烏石港（蘭陽博物館）	東北角風景區外澳站	外澳（外澳火車站）	更新漁港（龜山火車站）

★						
13	12	11	10	9	8
馬崗（三貂角燈塔）	石城服務區	天公廟（大里遊客中心）	新港（大溪漁港）	大溪（大溪火車站）	北關（北關海潮公園）

更新漁港漁村廚房

　　日本有許多所謂的「漁夫民宿」提供漁家自捕的新鮮漁獲和拿手料理，如果想在宜蘭品嚐「最青」漁獲，可搭乘台灣好行到「更新」漁港，也就是龜山火車站旁梗枋漁港的「漁村廚房」，學習海鮮直送的料理方法。

　　更新漁港又名梗枋漁港，相傳是有一年某戶人家田裡的牛怎麼拉都拉不動，眾人紛紛跑去幫忙，此時突然發生土石流，由於大家都到空曠的田裡幫忙拉牛而無人傷亡，據說因梗枋的台語發音近似「硬崩」，為討吉利而改名為「更新」。

　　梗枋漁港為古早年代頭城最大，也是距離龜山島最近的漁港，龜山島的漁獲都會運來此地販售或以火車運至台北魚市，故名為龜山火車站，是區間車才有停靠的甲種簡易站。

　　龜山火車站後方有間「漁村廚房」，女主人因船長丈夫熱愛釣魚，不但自己造船帶客人出海釣魚和賞鯨，也用對海洋相對友善的「一支釣」漁法，取代一般的網捕和延繩釣。一支釣的優點是釣上來的漁獲都是半小時內就在船上急速冷凍並真空處理，所以肉質很Q。不像延繩釣必須等待 2000 個鉤子上鉤再一起收網，「一支釣」將魚釣上來後隨即清洗、冷凍並真空包裝，沒有拖網捕法常有的魚壓魚損害，因此肉質較為鮮美。

　　若想挑到新鮮的海產，建議還是要有基本的漁業常識，了解什麼產地的魚用何種漁法捕獲和何時冷凍，較能選到新鮮的好料。

　　女主人說，海釣船每年 6 到 9 月開往東海釣透抽，半個月才回來一次。釣白帶魚則是 10 月到隔年 1 月，每天下午 3 點出海、隔天早上回港，沿途跟著白帶魚洄游至富貴角、澳底，再到龜山島、花蓮等地，隨著魚群寄港。過年結束前則是石狗公和石斑的季節，利用一支釣常常 20 鉤的釣竿能上鉤 10 條，漁獲都非常新鮮。

　　在漁村廚房也能學習海產的知識和料理訣竅，例如分辨軟絲、透抽、花枝的差別和處理方式，處理冷凍透抽的撇步是退冰時不要碰到水，就能保持新鮮，著實是趟知性十足的旅行呀！

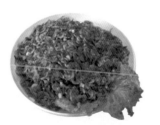

 漁村廚房
　宜蘭縣頭城鎮濱海路三段 248 號
　0937-908516
　若想體驗「食魚教育」，滿 10 人以上，可提早 3 日預約。

三貂角燈塔

　　位於台灣極東的三貂角，地名典故來自 400 年前行經台灣的西班牙船艦，將此地以故鄉城鎮聖地牙哥（Santiago）為名，音譯為「三貂角」。

　　三貂角燈塔建於 1935 年，是本島最東邊的燈塔，也是迎接第一道曙光的聖地。秋冬此處長滿美麗芒花，搭乘台灣好行到終點站「馬崗」下車後，從停車場旁的步道走到小丘上的雷達隔壁，即是燈塔，視野極佳。天氣好時可遠眺龜山島景致，素有「台灣的眼睛」美稱。

　📍 三貂角燈塔

　🔺 新北市貢寮區馬崗街 38 號

　📞 02-24991300　🕐　週二～週五 9:00-17:00，週一休

東北角暨宜蘭海岸國家風景區管理處提供

 ## 礁溪溫泉：蔥澡

礁溪溫泉屬於無色、無味臭的碳酸氫鈉泉，酸鹼值約爲 7 左右，由於洗完肌膚常呈現光滑柔細狀態，有「美人湯」之稱。

台灣好行的多條路線都可抵達礁溪溫泉，若搭東北角海岸線，可在一整天的行程尾聲安排泡溫泉，洗去一身的疲憊，再逛街採買宜蘭特產回家。近十年來，礁溪溫泉進駐大量星級飯店，高檔溫泉旅館和湯屋如雨後春筍般林立，其中以文青風一炮而紅的「蔥澡」更是成爲 IG 知名打卡熱點。

「蔥澡」是走文青風的彩繪台式澡堂，請來多位藝術家彩繪創作，從一樓看似飲料店的櫃檯換上拖鞋，可以走上緩坡，別出心裁的入口吸引不少人一探究竟。大廳可愛的休息區可選購泡湯房型和加購飲食。

雖然湯屋因翻修自老旅館而沒有電梯，但通風和採光都有加強安全設計和單人泡湯的安全措施。建議最好事先上網預約，省去排隊時間；預約時可借用沐浴籃，附帶大浴巾、吹風機、洗髮精、沐浴乳、潤膚乳、礦泉水等泡湯用品。湯屋提供點餐服務，有溫泉蛋、貝果等輕食及飲品。

下次來當地泡湯，若想換換口味，不妨嘗試一下藝術澡堂式的溫泉湯屋。

📍 蔥澡 Hot Spring Onion
🏠 宜蘭縣礁溪鄉礁溪路五段 77 號
📞 03- 9876929
🕐 每日 11:00-23:00
🌐 www.hotspringonion.com

桃　園

鄰近大台北地區的桃園，擁有不少知名景點，例如復興鄉小烏來的天空步道、天空繩橋，可享受湖山水色的石門水庫、視野極佳的角板山公園、知名戲劇《茶金》取景地的大溪老茶廠、低海拔就能俯瞰高海拔雲霧美景的東眼山、保存完整巴洛克風格的大溪老街街屋、能與可愛企鵝和海豹互動的 Xpark 水族館等，利用台灣好行的景點接駁巴士，都能來一趟結合自然和歷史人文風情的小旅行。

春季時若想賞櫻、賞梅，可登上角板山等北橫沿線風景區，北橫向來是桃園最受歡迎的旅遊區域，秀麗的山勢與石門水庫的湖光山色，吸引不少假日出門踏青的遊客。

4 到 5 月石門水庫有流蘇花海，入秋後還可搭船遊湖賞楓。或是到羅浮溫泉泡湯、溪口部落吃馬告香腸，體會不同的風土民情，很值得一遊。

低海拔也能享受森林浴

東眼山線　乘車路線 506

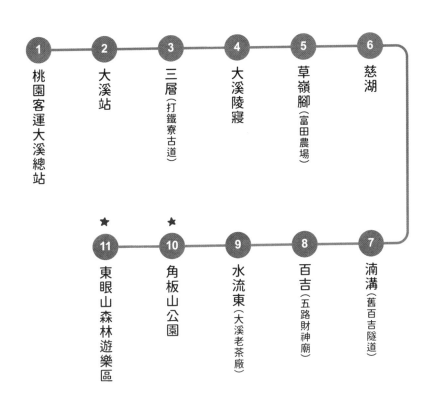

1. 桃園客運大溪總站
2. 大溪站
3. 三層（打鐵寮古道）
4. 大溪陵寢
5. 草嶺腳（富田農場）
6. 慈湖
7. 湳溝（舊百吉隧道）
8. 百吉（五路財神廟）
9. 水流東（大溪老茶廠）
10. ★ 角板山公園
11. ★ 東眼山森林遊樂區

東眼山森林遊樂區

　　位在桃園市復興區的東眼山森林遊樂區，是以美景著稱的人氣步道。在東北季風的吹拂下，春秋兩季特別容易雲霧繚繞，每當鋒面來臨時，整片山頭籠罩在白紗一般的迷霧中，彷彿置身仙境；若向遠方望去，山嵐和雲海更是美麗。秋季從東眼山望向北插天山，還能看到山毛櫸整片紅葉。冬季則可欣賞從北插天山傾瀉而下的絕美雲瀑，也是東眼山的一大特色。

　　名列台灣小百岳之一的東眼山，名稱由來有兩種說法，第一種是從大漢溪看東眼山，像是東邊閃耀的大眼睛。第二種說法則是取自泰雅族語。東眼山位於雪山山脈尾端的霧林帶，海拔 1212 公尺，有許多珍貴的檜木，步道行經柳杉林的筆直線條，神似山水畫，讓東眼山也有「小溪頭」之稱。

　　不用去中部杉林溪，也不用到高海拔地區，就能在北部低海拔的東眼山享受森林三寶：芬多精、活氧、負離子。若天氣晴朗、視野良好時，也可遠眺桃園及三峽一帶，甚至可看到淡水河，夜景十分有名。

　　想在東眼山享受森林浴，有數條難易度不同的步道。最老少咸宜的是長度僅有 340 公尺的「景觀步道」，全程平緩好走。若意猶未盡的話，也可從「景觀步道」的盡頭接著走「知性步道」，沿途可看見當年林業發達的設備等歷史遺跡，例如：台車、索道、集材機等，來回約 2 小時，還有可看見化石的「化石林道」。若想登上東眼山頂，則可挑戰「自導式步道」，一路上走走停停，沿途拍照，單程約 1.5 小時即可登頂。若天氣晴朗時在三角點可看到台北 101 大樓，往南可看到雪山及大霸尖山；春季也很適合賞櫻、賞鳥。

　　各步道入口都非常接近，甚至互相連通，不同步道還可看到淡江大學師生聯合創作的大型木構作品，也可欣賞許多生態，例如叫聲類似「是誰打破氣球」的頭烏線（烏線雀鶥）。

　　943 覺得東眼山的旅遊 CP 值相當高，難怪深受山友們的歡迎啊！但也因此東眼山線早晨去傍晚回的班次常常客滿，若時間彈性建議避開尖峰時段。

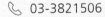

📍 **東眼山森林遊樂區**
⛰ 桃園市復興區霞雲里佳志 35 號
📞 03-3821506
🕐 平日 8:00-17:00，週六、週日 7:00-17:00
🏷 平日／全票 80 元，假日／全票 100 元、半票 50 元、優待票 10 元

 角板山行館

　　角板山行館園區除了行館外，還包括雕塑公園、戰備隧道、樟腦收納所古蹟等多個特色看點。占地 2 公頃的梅園是冬季賞梅的熱門去處，種有松樹、柏樹和竹林。行館前方可俯瞰大漢溪與曲流南岸的溪口部落，曲流的青山綠水，無論天氣陰晴，風景都十分秀麗；思親亭視野廣闊，可遠眺溪口台的劇場河階。由於地殼抬升，河流彎道的內側部分形成四階宛若古羅馬劇場的河階，猶如天然的地質教室。

　　從行館左方往下走，就是當時因應戰爭需求的戰備隧道，隧道內現有 3D 彩繪及當時聯絡用的打字機等，盡頭還可看到 20 公分厚的防彈鐵門，以及高 10 公尺、厚達 2 公尺的混凝土掩體碉堡遮住入口，以防範手榴彈、砲彈攻擊。園區內還有一處日治時期的古蹟──樟腦收納所（全名「專賣局台北支局角板山收納詰所」），是目前台灣碩果僅存的樟腦產業廳舍。

　　角板山一代盛產樟腦，從清代開始就是台灣重要的物產，可作藥用及塑化原料，經濟價值非常高。台灣的樟腦產量曾占全球七成，清代時與茶葉和糖並稱「台灣三寶」。興建於 1939 年的角板山收納詰所，是當時北部重要的「粗樟」集散中心，剛採下的粗樟藉由船隻和火車運送至台北「南門工場」加工。943 建議來到這裡，可先逛逛樟腦收納所、雕塑公園、行館、思親亭，再參觀戰備隧道，比較不需要爬坡，會輕鬆許多喔！

📍 **角板山行館**

🏠 桃園市復興區澤仁里中正路 133-1 號

📞 03- 3821678

🕘 9:00-17:00

🏷 免費參觀

北橫知名景點走透透

小烏來線 乘車路線 502 假日行駛

1 桃客桃園總站

2 大湳

3 梅花社區

4 梅花社區（金蘭醬油博物館）

5 崎頂（原住民文化會館）

6 新街尾（和平老街）

12 湳溝（舊百吉隧道）

11 慈湖

10 草嶺腳（富田農場）

9 大溪陵寢

8 三層（打鐵寮古道）

7 大溪站

13 百吉（五路財神廟）

14 阿姆坪碼頭

★ 15 水流東（大溪老茶廠）

16 角板山行館

★ 17 小烏來天空步道

📷 大溪老茶廠

自從電視劇《茶金》上映後，拍攝場景之一的大溪老茶廠迅速爆紅，成爲熱門朝聖景點。老茶廠興建於 1926 年，日治時期名爲「角板山工廠」；70 年前，年產 600 英噸紅茶銷往世界各國，是當時的台灣經濟火車頭之一。

大溪老茶廠的外觀參考印度大吉嶺茶廠，融合英式及日式風格，一樓的文物區陳列自日治時期保存至今的機器和文物，包括一座巨大保險箱，數年後，兩位精通開鎖的老夫婦遊客主動協助開啟，才取出當年的帳本。製茶區內有 6 台具 70 年歷史的阿公級傑克遜揉捻機，仍可運作。

門口的靜水池，是擴充昔日的小水塘，據說當時的茶農必須在此將沾滿泥土的雙腳洗乾淨，才能將茶葉扛上二樓的室內萎凋區，萎凋完畢後，員工直接從二樓地板上開洞的「揉捻投茶孔」，將茶葉倒入一樓的揉捻機中，以節省搬運人力。

1980 年代後，茶廠將茶葉乾燥機的熱風引上二樓，加快萎凋速度，又更環保節能了。茶廠二樓正是《茶金》劇中出現的萎凋場，由 151 支交錯檜木衍架架構出宏偉的空間，加上兩旁整排「大溪藍」老檜窗櫺和從峇里島引進的數十張斑駁鐵椅，具有工業風，非常適合攝影取景。

　　大溪老茶廠以洗選蛋浸泡茶葉兩天入味的茶葉蛋，以及用紅茶上色的大溪豆乾，是招牌茶點。廠內免費提供導覽，每日兩場；小萬店長的導覽生動又有溫度，錯過就太可惜了。

📍 **大溪老茶廠**

⛰ 桃園市大溪區復興路二段 732 巷 80 號

📞 03-3825089　　🕐 09:30~17:00

🏷 入場參觀券 150 元，可折抵當日消費購物 100 元。120 公分以下及身障人士免費入場。

📷 小烏來天空步道

小烏來天空步道是北橫周邊的熱門景點，也是台灣第一座天空步道，構想來自於美國大峽谷，全透明的強化玻璃步道懸空 11 公尺長，低頭俯視即是距離瀑布底部 70 公尺高的深淵，前方是小烏來瀑布，入口處還有「鬼石」之稱的風動石，想試膽的人不妨前來挑戰。若覺得天空步道不夠刺激，附近還有堪稱全國最長吊橋。全程 70 公尺、離地高達 50 公尺的天空繩橋，使用天空步道的票券即可進入吊橋，踩在寬度僅一人、沿途搖搖晃晃的橋上，有種在高空走鋼索的感覺。

小烏來風景區的羅浮溫泉有收費的戶外 SPA 及溫泉池，屬於無臭無味、色澤乳白略帶透明的碳酸氫鹽泉。館外也有免費的溫泉泡腳池，走累時泡個腳，休息一下，十分舒服。

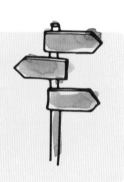

📍 **小烏來天空步道**

🏔 桃園市復興區義盛里下宇內 1 鄰 4-6 號

📞 03-3821835

🕗 8:00-12:00、13:00–17:00，週二休。

🌐 參觀需事先上網預約：https://skywalk.tycg.gov.tw/Page/Index.aspx

湖光山色盡收眼底

石門水庫線　乘車路線　503　假日行駛

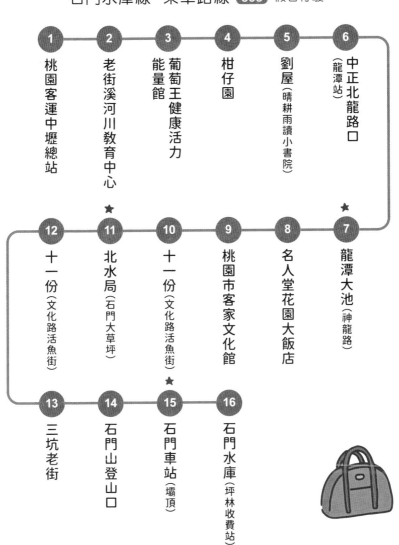

1 桃園客運中壢總站

2 老街溪河川教育中心

3 葡萄王健康活力能量館

4 柑仔園

5 劉屋（晴耕雨讀小書院）

6 中正北龍路口（龍潭站）

★
7 龍潭大池（神龍路）

8 名人堂花園大飯店

9 桃園市客家文化館

10 十一份（文化路活魚街）

★
11 北水局（石門大草坪）

12 十一份（文化路活魚街）

13 三坑老街

14 石門山登山口

★
15 石門車站（壩頂）

16 石門水庫（坪林收費站）

桃園市政府提供

 石門水庫藍色公路

　　來到石門水庫，除了拍大壩、看風景，還有什麼新鮮事？石門水庫水量充足，943 推薦大家搭船經由「藍色公路」，暢遊新溪口吊橋和溪口部落，感受不同的體驗。除了欣賞媲美日本的湖光山色外，還能避開經常塞車的台 7 線路段。

　　從「大壩碼頭」或「阿姆坪碼頭」搭船，就能行經偶像劇《命中注定我愛你》的拍攝場景「薑母島」，「島」上人口不多，有個百年歷史的土地公廟及舊軍營可供參觀。

阿姆坪碼頭對岸的「薑母島」半島，原名枕頭山，過去陸路交通十分不便，居民多走水路往返。只要水位超過 240 公尺就能暢遊這條藍色公路，欣賞沿岸景色和吊橋，比從陸地看還要令人驚豔。

新溪口吊橋全長 303 公尺，是全台最長的懸索橋，連接角板山以及溪口台地。台灣好行經常搭配石門水庫藍色公路發售超值套票，不妨留意一下。

📍 乘船資訊

石門大壩碼頭（西碼頭）出發：（石門車站（壩頂）站下車）

🏷 1 小時 200 元、半票：1 小時 150 元（65 歲以上老人、軍警、12 歲以下兒童及身心障礙者憑證購票）、優惠票：2 小時 300 元

阿姆坪碼頭（東碼頭）出發：

🏷 全票 400 元、半票 300 元（65 歲以上老人、軍警、12 歲以下兒童及身心障礙者憑證購票）

🌐 shihmen.wranb.gov.tw/attractions-travel/private-yacht/service-items

桃園市政府提供

 龍潭大池

　　龍潭大池過去因長滿菱角而稱爲「菱潭陂」，後來又稱龍潭，是有 200 多年歷史的人工灌漑湖。廣闊的空間，適合夏日前來避暑。沿岸有腳踏船和二樓景觀咖啡店，走吊橋可抵達湖中的南天宮參拜，再走九曲式忠義橋回到原地，氣氛悠閒，適合放空。943 建議可過馬路，來到 100 公尺外的鍾肇政文學生活園區，途經南龍路及神龍路口時，行人紅綠燈播放的音樂正是龍潭管弦樂團演奏、鍾肇政名著改編的《魯冰花》電影主題曲；轉入巷內，可免費參觀鍾肇政任教龍潭國小時居住的日式宿舍群、龍潭武德殿古蹟，再散步到龍潭老街。

　　夏天時在有將近百年歷史的「松屋冰果店」品嚐古早味雪冰，是一大享受。也可徒步 10 來分鐘來到附近的龍潭聖蹟亭，這是台灣目前保存最完整、規模也最大的敬字亭，還可看到清光緒年間的石碑。

　　以上龍潭景點，全部免門票即可參觀，若想避開熱門景點，來趟輕鬆半日遊，是不錯的選擇。

十一份觀光文化園區

2021 年 11 月開幕的「十一份觀光文化園區」，內有昔日的北水局舊宿舍，是電影《我的少女時代》拍攝場景。現在舊佳安市場已轉型為文化園區，還有在地小農用自然農法製作的食材、少油少鹽的「一席食堂」。

來到一樓的香魚咖啡，坐在鋼雕藝術家鄭陽晟製作的吧檯椅，和打卡熱點——藝術家葉佩如創作的巨大鯨魚壁畫前，很有文創感。943 點了一杯獨創喝法的「洋流咖啡」，店家捨棄低成本的商業豆，由烘焙咖啡師精心挑選的精緻莊園豆和冰牛奶一起融合，激盪出不同層次的口感，芳香持久，口感十分細緻，令人讚不絕口。

📍 **十一份觀光文化園區**

🏠 桃園市龍潭區佳安里佳安西路 5 號，搭乘台灣好行在「石管局石門大草坪」站下車。

📞 03-4111279

🕘 9:00-17:00，週一休

溪州露營區

位在石門水庫南苑生態公園旁的溪州，有個剛開幕的豪華露營區，這是桃園市政府與北區水資源局合作的 BOT 案，最後由桃禧航空城酒店得標，2021 年開幕，是桃園首座公有露營區，也是全台第一座以水庫沉澱池自然生態為主題的渡假露營園區，還有專供拍照的哈比人小木屋、內部和星級飯店的套房設備一模一樣的豪華帳篷，以及被譽為「露營車界勞斯萊斯」的美式百萬豪華露營車，真的非常吸引人啊！在占地約 9 公頃的「溪州旅遊服務區」，進駐了約 50 間桃禧屋型帳、森林馬車屋、彩繪露營車、星空蓮花帳，幾乎都是內含衛浴的四人小屋，包括兩台標價百萬售出而聲名大噪的德國歐馬豪華露營車。

園區內有主廚餐廳、咖啡廳、湖面高空滑索、景觀碼頭、親子戲水池、寶貝攀爬區等遊樂設施，來到此地，完全不用攜帶露營或廚具，只要攜帶個人盥洗衣物就能入住。943 建議參加熱氣球嘉年華的旅客，若不想趕路，可提前一天到石門水庫住宿露營車，欣賞附近的湖光山色，隔天一大早就能從容不迫地就近卡位囉！

📍 溪州露營區
⛺ 桃園市大溪區康莊路五段 150 號
📞 02-25585735
🕐 13:00-22:00

自然人文親子遊

大溪快線　乘車路線　501

★
1　高鐵桃園站

2　大江購物中心

3　仁和國中

4　崎頂

★
5　新街尾（和平老街）

6　大溪站

7　三層（打鐵寮古道）

8　大溪陵寢

9　草嶺腳（富田農場）

10　慈湖

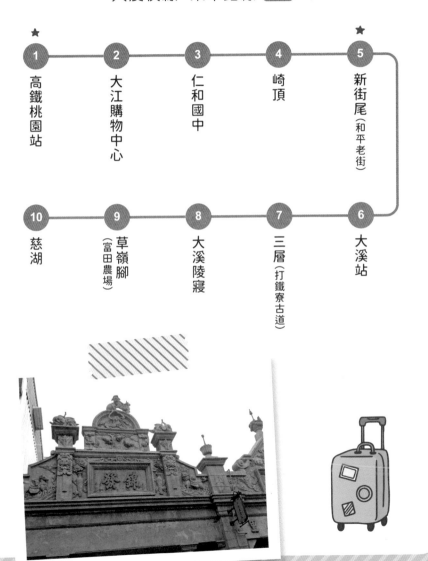

大溪老街

　　若是做個「全台最美老街」或「古蹟保存最完整老街」排行榜，大溪和平老街絕對榜上有名。

　　大溪老街不但保存得好，也是全桃園最早發展經濟的區域，早在清光緒年間，大溪就是茶葉、樟腦、木材、煤炭的集散地。老街匯集了英國、西班牙、德國等國商號，商業十分繁盛。1918年日治時期，日本政府「市區改正」拓寬道路，興建巴洛克風的建築矗立至今。

　　漫步大溪老街，可以看到板橋林本源家族發跡的收租處所（和平街 67 至 69 號），一般算盤的算珠有 6 顆，但林家立面卻雕了22 顆。位於和平路 49 號的再生堂中藥鋪，是前外交部長簡又新的老家。裡面有各種吉祥寓意的圖騰，例如象徵多子多孫的石榴、代表平安的花瓶、可避邪的麒麟，以及大吉大利的官帽造型、冠軍盃、錦旗、佛手瓜等，美不勝收。

桃園市政府提供

　　大溪和平老街周邊還有相當多可看性高的古蹟，943 建議可從李騰芳古宅或和平老街靠火車站的月眉通道或中央路口開始逛，走到盡頭，就是昔日挑夫從大漢溪河階扛貨物上到市街的石板古道，為了減輕腳力負擔，階梯都做得特別低。再往前走，是匯集了佛寺、宮廟、教會、宗祠的普濟路，行經曾是大溪神社遺址的中正公園，就是日治時期警察宿舍群的 22 棟的建築，1930 年代至今，已有近百年歷史，現在打造成擁有 11 棟館舍的「大溪木藝生態博物館」，包括壹號館、木家具館、木生活館、武德殿、大溪歷史館、藝師館、工藝基地，和曾為大溪郡所警察課長宿舍的「鳳飛飛故事館」。每棟建築都是免費參觀，值得深入走訪，細細品味昔日大溪的繁華。

 # Xpark 水族館

　　大溪線終點高鐵桃園站旁的 Xpark，是台灣第一座日資進駐的水族館，知名「八景島海島樂園」的海外首館就是落腳在這裡。占地超過 4000 坪，陸海空生物共 420 種，包括水母、海豹、水豚、浣熊……不用去南極，就可看到麥哲倫企鵝和國王企鵝站著睡覺的可愛畫面，還有餐廳區裡優游的小海豚陪著吃飯。每天 6000 隻銀鯧表演的「海洋電影之旅」，現場播放的主題曲特別邀請宮崎駿動畫的配樂大師久石讓創作，水母和企鵝區則是醫療喜劇《村裡來了個暴走女外科》的拍攝場景。

📍 **Xpark 水族館**

⛰ 桃園市中壢區春德路 105 號

📞 03-2875000　　🕙 10:00-18:00，週六延長 2 小時閉館

🏷 成人票 550 元、學生票 400 元、4～12 歲孩童票 250 元、未滿 4 歲且有家長陪同的幼童可免費入場、博愛票 250 元（限持有身心障礙證明者與 1 位陪同者、孕婦、滿 65 歲以上長者）。

南　投

» 日月潭線
» 車埕線

　　南投擁有許多知名景點，台灣好行也貼心規劃了銜接路線，例如搭乘日月潭線 6801 線可延伸到集集和溪頭、6671 線到車埕、6670 線至草屯，而且在台中高鐵、台中火車站、干城客運站等都可上下車，非常方便。另外，日月潭還有遊湖巴士 6669 線，利用一日券 80 元，可當天無限次上下車。若到日月潭度假，943 建議選購日月潭線的各種套票，票種涵蓋了水、陸、空各種玩法，有多種選擇，包含日月潭遊湖巴士一日券、遊湖船票、九族文化村纜車、水社到向山單程車票、自行車租賃折價券，或是與高鐵、溪頭、阿里山、車埕的交通聯票等，非常優惠。

　　日月潭觀光非常熱門，建議搭乘台灣好行最好事先預約。在台灣好行官網預約，台中高鐵站及台中干城站的南投客運櫃檯都可取票；日月潭的水社商場也販售各種優惠套票。

悠遊無敵美景

日月潭線　乘車路線　6670ABCDEF

1	2	3	4	5	6	7	8	9	10	11
台中航空站	臺中干城站	臺中車站（民族路口）	民興公園（執行分署）	臺鐵大慶站	高鐵臺中站	埔里遊客中心	牛耳石雕公園	崎下	大成國小	榮民醫院

22	21	20	19	18	17	16	15	14	13	12
澀水社區	大雁（澀水社區）	桃米坑（紙教堂）	暨南大學（校外）	暨南大學（校內）	埔里轉運站	埔里花卉中心	中台世界博物館	中台禪寺	仁愛公園	埔里酒廠

23	24	25	26	27	★28	★29	★30	★31
三育神學院	經典驛棧	晶園渡假村	九族文化村（部分班次停靠）	魚池	日月老茶廠	日月潭	水社	向山行政中心（部分班次停靠）

日月老茶廠

　　因知名電視劇《茶金》而聲名大噪的日月老茶廠，混合了英式斜屋頂、日式檜木梁柱和台式磨石子地板三種建築風格，也是台灣紅茶的最早產地之一。

　　1930 年代日本技師新井耕吉郎為因應當時逐漸取代綠茶的紅茶市場，研發出適合台灣氣候風土的台灣紅茶，也令日月潭紅茶馳名海外。像是台茶 18 號的「紅玉」，就比阿薩姆紅茶更加甘醇，甚至還帶點肉桂和薄荷香氣，不用加糖就很香甜，口感令人驚豔。

　　日月老茶廠早年生產的紅茶外銷世界各地，替台灣賺進不少外

匯。943 參觀了這個百年茶廠，親眼目睹百歲傑克遜揉捻機的運轉，吸收不少從種植到製作的茶葉知識，感受當年茶葉外銷盛況、《茶金》拍片時使用的道具，以及茶廠員工的熱情。廠內一樓展示台灣農林的各種茶葉製品，二樓萎凋區的孔雀藍窗框相當適合拍照，還有蔬食 buffet；除此以外，建議大家別錯過以紅玉和仙女紅茶浸泡三日的「黯然消魂」茶葉蛋，相當入味。

📍 **日月老茶廠**

🗂 南投縣魚池鄉中明村有水巷 38 號

📞 04-92895508　🕗 8:00-17:00

🔖 免費參觀。可事先預約導覽，每人 50 元。

🅵 www.facebook.com/sunmoonteafarm

 日月潭

日月潭是台灣面積第二大的湖泊，從日治時期就被列入「台灣八景」，揚名海外。波光粼粼的湖光山色不僅一日多變，無論是美麗的日出、如夢似幻的晨霧、如鏡面的倒影、火紅的夕照，甚至夜間的漁火和月影，都令人驚豔。日月潭也因四周的動植物生態而造就了一年四季千變萬化的美麗和多元玩法，春季可賞櫻花、雲海、螢火蟲，夏天群蝶飛舞，適合立槳等水上活動，秋季楓紅和花火音樂嘉年華是重頭戲，冬天還有落羽松接棒，以及美不勝收的梅花，是非常適合度假的好地方。最佳慢遊方式是在湖畔悠閒騎單車、品嚐在地美食，放空欣賞美景。

　　從水社租單車騎到設計感十足的網美打卡熱點「向山遊客中心」，拍攝清水模建築和襯著湖景的落羽松，或是走懸臂式觀景台欣賞邵族祖靈所在的拉魯島，以及到涵碧半島走訪文學步道，散步到碼頭，用鏡頭捕捉懸掛燈籠的木棧道和原住民捕魚的四手吊網，都是一大樂趣。

　　日月潭的住宿地點主要集中在水社和伊達邵碼頭區，其中伊達邵較多原住民美食或新奇小吃，水社則有綜合商場、台灣好行、遊湖巴士等客運路線車站及售票口，可搭船遊湖前往伊達邵和玄光寺。水社距離涵碧文學步道步行可達，而被譽為「全球十大最美」的日月潭環湖自行車道，從水社到向山 3.3 公里的路段景緻最令人稱道，若腳力有限的話，建議只騎這段路程，或是選擇電動輔助單車。

　　日月潭一帶的餐館眾多，當地人推薦有朝霧碼頭旁的景觀餐廳朝霧小棧，菜色和景色都深獲好評。水社附近的日月餐坊美味又價格實在，沒有一般熱炒的味重油膩。除了招牌荼陶板醃豬肉和紹興竹筒蝦口感不錯，鄉酥排骨和客家油雞腿也是鮮甜多汁，難怪能成為當地少數大排長龍的餐廳，但缺點是很難訂位，想吃的話可要碰運氣了。

　　來到日月潭，943 相當推薦搭乘台灣好行 6671 線延伸遊玩到鄰鎮的車埕，這裡是集集支線的終點，被譽為「最美麗車站」的車埕火車站旁，設置了退役的集集線火車頭、車廂、加水站、加煤平台等國寶級古董。由已廢校車埕國小校舍改建的「鐵道觀光小學堂園區」裡，遊客中心內的實境車廂播放導覽影片，透過影片神遊集集線沿線各小站，就像搭了一趟台版鐮倉電鐵「江之電」。逛完可散步到隔壁免費開放的木業展示館，再到步行可達的貯木池走走，一場知性和感性兼具之旅由此展開。

　　若想節省周邊消費費用，不妨考慮台灣好行「日月潭車埕」400 元套票，包含原價 100 元的日月潭一日乘車券和原價 300 元的日月潭遊湖船票，等於可以免費體驗木工 DIY 或抵銷貯木池畔的日式老屋咖啡館 150 元消費，非常划算。

鐵道及木業的歷史知性之旅

車埕線 乘車路線 6671

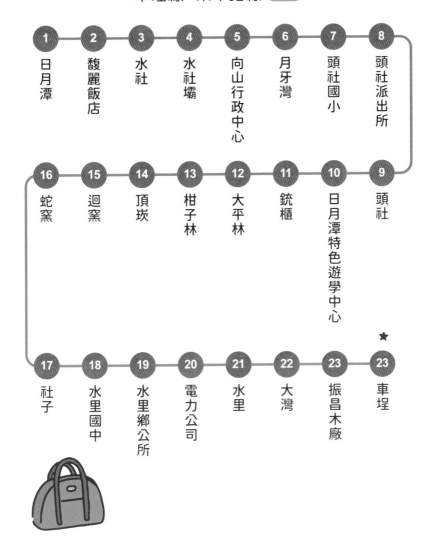

| 1 日月潭 | 2 馥麗飯店 | 3 水社 | 4 水社壩 | 5 向山行政中心 | 6 月牙灣 | 7 頭社國小 | 8 頭社派出所 |

| 16 蛇窯 | 15 迴窯 | 14 頂崁 | 13 柑子林 | 12 大平林 | 11 銃櫃 | 10 日月潭特色遊學中心 | 9 頭社 |

| 17 社子 | 18 水里國中 | 19 水里鄉公所 | 20 電力公司 | 21 水里 | 22 大灣 | 23 振昌木廠 | ★ 23 車埕 |

 貯木池

車埕從日治時期開始就是木業重鎮,貯木池則是浸泡原木防蟲並增加耐用度的大型水池。過去木材廠商都會在貯木池選購想要的原木,再由搬運木材的起重機「天車」手臂吊起經火車運出。

1970 年代保育觀念興起,政府頒布禁伐令後,貯木池已轉為觀光用途,水池周邊種滿的楓樹和落羽松成了美麗點綴,紅綠相間的樹影水光,讓 943 第一眼看到時忍不住驚呼「這也太像日本湯布院的金鱗湖了!」池邊還有昔日曾作為振昌木業辦公室的日式老屋,現由日月潭風景區管理處委外經營,成為咖啡店「隱茶Steam」,古色古香的日本建築搭配湖光山色,營造出一種寧靜又懷舊的異國氣氛,難怪會成為打卡熱點,令人流連忘返。

車埕木業展示館

貯木池旁有幾間餐廳可享用車埕有名的木桶便當，飯後不妨逛逛隔壁的木業展示館。

木業展示館是昔日振昌木業的鋸材廠，除了現場參觀木材業製造的流程、舊廠房屋頂堅固的木構架以外，也有眾多木材周邊商品讓遊客選購，林班道體驗工廠還提供製作小木椅等木製家具的DIY。用雲杉木做的女兒椅，木材質地相當細緻，可自行挑選喜愛的烙印圖案，在工作人員的指導下DIY，只須簡單的步驟就能做出可愛的小木椅，卻只需花市價一半的費用。

📍 **車埕木業展示館**

🏔 南投縣水里鄉民權巷 110-2 號

📞 04-92871791

🕤 9:30-17:00

🏷 免費參觀

「日月潭車埕好行套票」，有日月潭遊湖巴士一日券，以及車埕地區 150 元商品兌換券，可自由選擇買林班道體工廠的木製 DIY，或折抵貯木池畔隱茶 Steam 的消費。

f www.facebook.com/sunmoonteafarm

台 南

» 府城巡迴線
» 菱波官田線
» 西濱線
» 安平線

近年來，擁有豐富的文化底蘊及排隊美食的府城台南，成了國內旅遊的熱門地點。搭乘台灣好行的 88 府城線是不錯的巡禮方式，路線串連了台南市立美術館一館和二館、台灣文學館、林百貨等知名景點，還可到國華街、神農街及海安路一帶品嚐牛肉湯、鹹粥，小卷米粉等道地小吃。

若想前往安平，搭乘 99 安平線可連結台南火車站至林百貨、赤崁樓至安平古堡、安平老街、四草綠色隧道、聖母廟及七股鹽山等知名景點。另外，台南好玩的景點可不只是市區的小吃和古蹟，市區以外也擁有許多特色亮點，例如搭乘西濱快線可從新營前往月津港燈節的鹽水小鎮尋訪在地小吃；在井仔腳鹽田、七股鹽山、台灣鹽博物館及將軍漁港，則可體驗海埔鹽鄉的特殊風情。若想體驗山區之美，搭乘菱波官田線可到烏山頭搭船遊湖及體驗日式古蹟風情，欣賞新化老街保存完整的美麗巴洛克式建築；若再延伸至東山咖啡公路及以酪農區為重點的柳營，無論上山下海都能讓人玩得盡興。搭乘台灣好行，選擇一日券套票，當日無限次數上下車，不僅時間安排較為彈性，也讓旅途時光更輕鬆自在。

台南知事官邸提供

文化古蹟和美食巡禮

府城巡迴線　乘車路線　88　目前僅假日復駛

★　　★　　★

1. 臺南火車站（南站）
2. 孔廟（臺灣文學館、臺南市美術館1館）
3. 林百貨／鄭成功祖廟
4. 赤崁樓
5. 西門友愛街口
6. 小西門（大億麗緻）
7. 永華站
8. 中正海安路口
9. 神農街
10. 立人國小
11. 公園北路
12. 臺南轉運站
13. 成功路

 台灣文學館

　　台灣文學館的前身是日治時期的台南州廳，也是當時台南最高的行政中心。由日籍建築師森山松之助設計，啟用於 1916 年，歷經百年歲月洗禮，是國定古蹟。屋頂原採用法國馬薩式建築風格，搭配英國維多利亞時期的紅磚，以及歐陸希臘羅馬神殿風格的石材，加上兩側的圓形衛塔，構築成融合歐式雄偉城堡風格與日式古典對稱的建築美學。

　　文學館正前方是湯德章紀念公園，周邊有許多日治時期的官署遺跡，是台南市中心的古蹟地標。鳳凰花開時節，紅花、綠葉、藍天搭配紅磚建築，十分美麗。台灣文學館隸屬於文化部，專司台灣近代文學展覽，不定期舉辦各式台文作家手稿等特展，典藏逾 11 萬件，充分呈現台灣各時期文學作品的豐富樣貌。此外，還有各式講座與研習課程、閱覽區，是個充滿藝文氛圍的寧靜空間。台灣文學館鄰近台南知名景點都不遠，例如林百貨、台南孔廟、吳園藝文中心、蝸牛巷等，是個能欣賞古蹟又能一飽眼福的好地方。

> 📍 台灣文學館
> 🏛 台南市中西區湯德章大道 1 號
> 📞 06-2217201　　🏷 免門票
> 🕤 週二～週日 9:00-18:00，週一休館

台南市消防史料館

　　位在台灣文學館隔壁、湯德章紀念公園圓環對面，造型相當特殊的台南市消防史料館，曾是日治時期的「合同廳舍」（警消聯合辦公廳舍）。啟用於1938年，其中六層樓高的高塔「火見樓」（又稱「望火樓」），是當時台南市區中最高的建築物，作用是瞭望偵察市區。若有火災，消防人員便會在第一時間出動撲滅。943曾在日本各縣市造訪消防古蹟建築，例如岩手縣盛岡市紺屋町的番屋，覺得台南市消防史料館的外型，和日本古代消防團建築非常近似，都設有塔樓，以便偵查四周，底下則是消防人員的辦公所在。台南市消防史料館在戰後也曾作爲派出所、女警隊、消防大隊等單位所在，2017年起將古蹟活化修復後，作爲史料及展覽空間。

史料館的陳列包括消防知識、消防史料文物與習俗、台灣各時期的消防組織與沿革、救災工具、震災現場 VR 搜救任務體驗。15 人以上團體，可事先預約免費導覽。史料館中另有「小小消防員體驗」，提供防災知識，寓教於樂。

📍 **台南市消防史料館**（原台南合同廳舍）
🏛 台南市中西區湯德章大道 2 之 1 號
📞 06-2975119　　🏷 免門票
🕐 每週二至週日 10:00-16:00，週一休館

南埕衖事

　　2022 年秋季，台南街上出現一個尚未開幕就在網路上造成轟動的打卡新亮點，原來是前身為國泰飯店的「南埕衖事」。「衖」為「巷」的古字，發音和英文的 long 一樣，意即一棟訴說台南 long story 的建築。創辦人請來被譽為日本建築大師安藤忠雄接班人的藤本壯介建築師操刀設計。體驗了台南在地生活後，他認為府城最美之處就在蜿蜒的小巷，於是將 1969 年紅極一時，秦漢、鳳飛飛等人到台南作秀時都會入住的知名老飯店重新打造，不僅保留了當時的大理石地板，也打通部分空間，花費 8 年的時間和心血，以「白色哲學」的概念，設計成宛如立體迷宮的純白階梯藝術空間。其中以錯落和虛設的樓梯詮釋台南岔路和無尾巷，成為一大建

築風格。他不僅獨樹一格地將入口設置在後巷中，預示著即將進入驚艷的台南巷弄風藝術空間，懸空綠色植栽的空中花園，充滿懷舊氣氛的藤編藝術，也融入現代感十足的室內飲食區。

高達 745 坪的六層樓，都是以台南小巷文化為概念規畫的空間。而出現在各個角落的「涼扇」，原來是立志留下良善風氣的發願。目前南埕衖事的良善計畫包括以南埕之聲電台介紹良善店家和對環境有幫助的事蹟，冰淇淋車獎勵小朋友做好事，目標是讓好人好事、感謝、讚美和掌聲能被聽見。

畢業自法國藍帶學校的甜點主廚，每天變出 18 種義式冰淇淋和蘭姆葡萄、玫瑰金磚費南雪、甜筒泡芙、司康、南埕衖柿等各種限量甜點及冷熱飲料。有意思的是，特地邀請氛香師蒐集台南巷弄間的氣味，請來聲音藝術家 JB 蒐集台南各地的背景音，詮釋台南從清晨到深夜的環境音樂，不但能在視覺和聽覺上感受到建築和藝術之美，也讓舌尖體會融合台灣水果與創意西點的美味。

「南埕衖事」不只是展覽空間、伴手禮店或冰淇淋店，整個建築就像置身藝術品內，不僅感受到新創藝術的價值，也能體驗在地巷弄文化的魅力，是台南相當熱門的新興景點。

📍 **南埕衖事**

⛰ 台南市中西區湯德章大道二段 99 號

📞 06-2278999

🕙 週三至週一 10:00 -19:00、週二休館（國定例假日照常開放）

🏷 平日 300、假日 350 元。台南市民及優惠票平日 250 元、假日 300 元

🌐 www.longstory.com.tw

南美館二館

　　因「殭屍展」而聲名大噪的南美館二館，其實美術館建築本身就相當有看頭，設計師是南投知名景點「紙教堂」的日本建築師坂茂。坂茂是 2014 年「建築界的諾貝爾獎」普立茲克建築獎的得主，943 置身現場時就感覺整體線條十分優美，舉目所及都是國際級大師的水準。

　　值得一提的是，坂茂建築師設計二館時曾到台南小住，他把自己對台南的印象加入設計中，因此南美館二館各展區很有「台南味」地彎彎曲曲，視線無法由一直線看完全部。有意思的是，大廳別出心裁地以模型取代一般常見的招牌指標，呈現出館內各設施的位置。就連洗手間也像是台南極具特色的彎曲小巷，要轉好幾個彎才能進入，令人忍不住會心一笑。

　　南美館二館還有一個近日深受年輕網美喜愛的拍攝熱點，那就是停車場樓梯。樓梯位在館外馬路邊，有別於一般陰暗的地下室階梯，是日本平面設計大師原研哉運用金屬百葉不同角度營造出的設計，創造出百拍不厭的藝術造景，彷彿萬花筒一般絢麗，吸引不少年輕族群來此拍照。

📍 南美館二館

🏛 台南市中西區忠義路二段 1 號

📞 06-2218881

🕐 週二～週日 10:00-18:00，週六延長開放至 21:00。週一休館，國定例假日照常開館。國定例假日若適逢星期一，照常開放，除夕、初一休館。

🏷 普通票 200 元、敬老票／學生票／台南市民票 100 元

祀典大天后宮

　　台南是著名的「眾神之都」，到了台南，當然也要逛逛廟宇，來趟開運祈福之旅。知名景點赤嵌樓旁矗立著遊人如織的祀典武廟和開基武廟。「祀典」即是「官廟」，由帝王興建或冊頒，並由官方舉行祭典，位階非常高。祀典大天后宮也是全台最早由官方興建，並列入官方祀典禮儀的媽祖廟，又名「大媽祖宮」。它悠久的歷史可追溯自明朝，最早曾是明末寧靖王朱術桂在台灣的王爺府邸，後來清朝大將施琅接受鄭克塽投降，並在此設立「平臺紀略碑」。1895 年，台灣民主國總統劉永福也曾將大天后宮的一間廂房作為「總統府」辦公之地，可說在台灣歷史上具有舉足輕重之地位。

　　參拜祀典大天后宮時，943 建議除了重溫歷史故事外，也不可錯過有趣又特別的「平安符」DIY。遊客可以自行選擇想要祈求的平安符，例如祈求家庭、學業、事業順利的靈符，自行用印章蓋在符紙上後過香火，放入媽祖香火袋後，隨身攜帶。祀典大天后宮媽祖殿使用的是「澎湖天后宮靈籤」的系統，比較不多見，與其他媽祖廟常見的六十甲子籤詩和雷雨師籤詩系統都不一樣，使用的只有澎湖天后宮、鹿港天后宮和台北關渡宮等地。

📍 祀典大天后宮

⛰ 台南市中西區永福路二段 227 巷 18 號

📞 06-2227194　　🕐 6:00-21:00

祀典武廟

　　祀典武廟敬拜的是關聖帝君，是於 1665 年明鄭時期由官方興建，至今已有 300 多年的歷史，與祀典大天后宮同為國家一級古蹟，也是全台唯一擁有「祀典」稱號的武廟，與「全臺首學」的台南孔子廟位階並列。孔廟為山東夫子，祀典武廟中的執事牌則是山西夫子和文衡聖帝，可見祀典武廟不凡的官方地位。在大殿敬拜時，別忘了回頭看看廟內由 1791 年道臺楊廷理所題的「大丈夫」匾額，它展現了文衡聖帝的正氣凜然，也是府城四大名匾之一。香火鼎盛的祀典武廟，除了在地居民常求取據說十分靈驗的籤詩，也有不少整班考生前來祈求金榜題名的文昌帝君，以及青年男女們趨之若鶩的府城四大月老之一，值得前往。

📍 **祀典武廟**

🏛 台南市中西區永福路二段 229 號

📞 06-2294401　　🕐 5:30-21:00

台南知事官邸提供

📷 台南知事官邸

　　2020 年 11 月重新開放的台南知事官邸，是日治時期台南縣知事的住處，曾接待過 20 位日本皇太子及皇室的御泊所，也是南台灣唯一有日本皇族入住過的豪華行館。知事官邸興建於 1900 年代，由於原有屋頂上的圖騰看似時鐘，於是台南人稱其為「時鐘樓」。20 世紀初興建的洋樓建築風格有點相近，例如 943 覺得陽台很像日本秋田縣小坂町的礦山事務所和馬來西亞娘惹博物館的陽台，不過外型最相似的還是南洋風格的金門陳景蘭洋樓。1923 年 4 月，當時身為皇太子的裕仁天皇來台時，曾在台南知事官邸下榻一晚，並觀看在官邸前廣場演出的宋江陣表演。

台南知事官邸提供

　　現在一般訪客只要站在陽台上，就能以「皇太子視角」欣賞表演、音樂會、露天電影等演出了。到台南知事官邸，享用復刻當時宴席的皇室料理，已成為高階遊客的熱門行程。台南官邸生活館不僅還原當時場景，也舉辦假日市集、露天宴席等熱鬧又兼具生活美學的活動，引起民眾共鳴。館內也引進許多優質的在地文創設計作品、品牌家具、兒童書店和時尚 bar，讓這棟古蹟不只是封藏歷史或緬懷過去的博物館，更是親近歷史、融合古今美感設計的生活空間，讓博物館更有生氣，也更貼近一般民眾的生活。

📍 **台南知事官邸**

🏛 台南市東區衛民街 1 號

📞 06-2097000　🏷 免費參觀

🕐 10:00-2000，週一休

府東創意森林園區

　　喜愛日本旅行的朋友，不妨趁週休二日到台南市東區的「府東創意森林園區」走走。日式老屋興建自 1923 年，至今已有百年歷史。這裡原是日治時期「台南州立農事試驗場」的宿舍群官舍，包括場長宿舍、兩棟丙種判任官舍、兩棟丁種判任官舍。幾棟經典造型的木造日式建築散落在碧草如茵的草地上，懷舊風情和日本氛圍十足，漫步其中，彷彿走進入了時光隧道。

　　目前園區內各棟建築分別委外經營，例如和茶寮與納涼屋，都常舉辦不少體驗日本文化的活動，包括穿浴衣、日式輕食茶飲、茶道文化禮儀等。浴衣體驗也提供木屐、扇子等道具，還有盤髮設計，不少人和親朋好友相約來此穿上美麗的浴衣，一起在古色古香的和室房或庭院內拍照留念，一秒到日本。由於這些活動很受歡迎，建議遇到熱門假期，最好事先預約。看似小公園，假日時園區內常有各種市集，例如農產市集、二手拍賣等熱鬧的活動，適合全家大小一起來此享受慢活的樂趣。

📍 **府東創意森林園區**（和茶寮）

🏛 台南市東區東門路二段 158 巷 66 號

📞 06-2093336（和茶寮）

🕙 9:30 ~ 17:30（週一公休）

🏷 免門票，浴衣體驗大人 350 元、小孩 250 元

暢玩官田、新化、柳營

菱波官田線 乘車路線 假日行駛

1 新營站

2 尖山埤渡假村

3 烏山頭水庫

4 官田遊客中心

5 川文山

6 新化老街（國泰大樓）

7 新市火車站

8 南科考古館（南科商場）

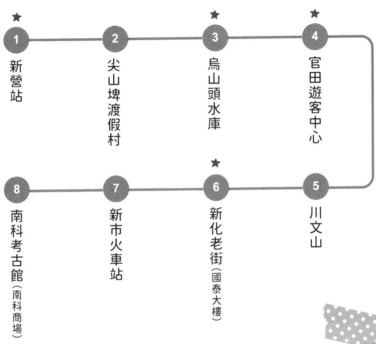

大目降故事館

 烏山頭水庫

　　烏山頭水庫位在曾文溪支流官田溪上游，是少數的平地水庫。由於利用官田溪谷及低窪地區蓄水，從空中俯瞰形狀神似珊瑚，又名「珊瑚潭」。烏山頭水庫曾是不少電影的取景之地，尤其清晨時分，湖面水氣冉冉升起時，令人感覺彷彿置身雲霧仙境。近年當地推出太陽能遊艇遊湖，遊客來此便能安靜又平穩地欣賞四周美景。

　　烏山頭水庫是 1930 年由日本技師八田與一設計建造的水利設施，也是當時東亞第一大水庫。為了紀念八田先生對當地農田水利的重大貢獻，政府將當年為興建水庫而蓋的舊職員宿舍群等設施，重新翻修並規劃為「八田與一紀念園區」。曾為出張所所長住家的

「赤堀宅」現由「蔦町和菓子」進駐，到此可在日式建築中安靜地欣賞日本茶道、品嚐和菓子與抹茶，還有浴衣可體驗「一秒出國」的感受。或可到隔鄰昔日「阿部宅」中的「知樂堂琴齋」聆聽古琴表演。濃濃的古典風情與日式老宅，讓人彷彿走進時光隧道，充分感受復古美學的魅力。

📍 **烏山頭水庫**

⛰ 台南市官田區烏山頭里八田路三段 500 號

📞 06-698-2103

🕘 9:00-17:00（八田與一紀念園區週三休）

🏷 全票 100 元、半票 60 元、台南市民敬老優待票 40 元

官田採菱角

官田舊名「官佃」，在荷蘭統治時期曾是隸屬於官府的「王田」。明朝鄭成功統治台灣時，將王田改稱為官佃，日治時期又改為官田。

最早人們採收在湖中生長的野生菱角，後來才開始種植菱角自給自足，作為副業。帶刺的菱角既然採收費時又需要大量人力，加上保存不易，又不容易填飽肚子，如何從種植米糧的官田轉種作為點心食用的菱角呢？這是因為近年來稻米生產過剩休耕，農業人力老化，於是不需要肥料、農藥、耕耘機等成本的菱角，就成了官田農地的新風景。現在，當地菱角種植面積已是全台最大，採菱角也成了官田的特色。入秋的 8 月至 10 月是菱角產季，每年 10 月還會舉辦官田菱角節呢！

　　若想體驗傳統歌謠中的「採紅菱」，欣賞復育水雉的「菱波微步」，可向官田農會報名採菱角體驗。戴好防晒斗笠，穿上青蛙裝，拿著臉盆就可直接下水採收。或是坐在小舟中體驗由台南市政府舉辦、專家評選「新南瀛八景」之一的「菱香舟影」，也十分愜意。

　　當地農民說，採收時必須將根部泡在水面下的菱角一叢一叢翻開來，避開尖刺採收。

　　市場上罕見的四角菱較為刺手，口感較脆，多半加工後賣給餐廳。二角菱葉柄為紅色，初生的紅色菱角口感較軟，適合煮排骨湯。紅菱角再老一些就成了黑菱角，口感變脆適合蒸煮後直接吃。菱農還傳授了直接跪在軟軟的泥巴地裡採收，比站著彎腰還省力又清涼的撇步給我。採完菱角，來一碗菱角排骨魚丸湯，真是十分有意思的體驗。

 新化老街

　　如果你厭倦了整條街賣同樣小吃的風景，建議不妨到還沒被觀光客占滿、充滿巴洛克風格建築的新化老街走走。2020 年以山林美景和豐富歷史文化而入選「經典小鎮」的新化老街，不僅是台南四大歷史街區之一，老街建築還曾獲選為「南瀛十大歷史建築」第一名，以及全台歷史建築百景第二名，可說是相當具有特色。

　　新化早年原是平埔族的居住地，舊名「大穆降」是平埔族語「TAVOCAN」（山林之地）的意思。老街位於山地與平原交界地帶，附近有虎頭埤風景區、新化林場等自然景點，也因為成為附近城鎮貿易重鎮，發展得很早。

　　1922 年新化老街的西邊街逐漸興起，1937 年東邊街則在日本政府提供每戶人家 2000 元的貸款補助下，建立了至今依舊華麗的仿巴洛克式建築，無論是雕飾或花紋都是台灣老街中數一數二保存良好的老宅。其中「晉發米穀店」是 1872 年從福建晉江移居來台開設的米店，店主早年經營稻米、釀酒生意，店內保留了當時的巨型碾米機。老街有些至今仍持續經營的百年老店，例如 1892 年創立的新化第一間漢藥店「回春堂中藥房」，以及 1912 年創立的新勝興布店。還有一條早年研讀漢學的莘莘學子，他們前往私塾「三槐堂」必經的小徑「漢學仔巷」，就在中山路、民權街內，也是值得留影的歷史見證。

楊逵文學紀念館

說到台南新化的名人，最為人熟知的就是作品被收錄進教科書的台灣文學家楊逵。新化老街旁的楊逵文學紀念館，前身為日治時期台南地方法院大目降出張所，以及戰後的新化地政事務所。館內收藏許多楊逵的手稿及生活用品，包括他初識農民運動伴侶葉陶時，在扇子所題的「土匪婆」三字，以及兩人結縭四十年的家庭生活紀錄。

📍 **楊逵文學紀念館**

🏛 台南市新化區中正路 488 號

📞 06-5908865

🕐 週二～週日 9:00-12:00、13:30-17:00，週一休

🏷 免費參觀

 歐威電影紀念館

　　楊逵文學紀念館旁有一座可免費參觀的建築——歐威電影紀念館，主角是曾經得過兩屆金馬獎影帝和亞洲影展男配角獎的新化名人歐威。館內收藏許多歐威在 1950 至 1970 年代叱吒風雲的電影史料，包括獎盃、信件、服飾、電影海報等，現場並定時播放歐威的經典作品電影《秋決》。

📍 **歐威電影紀念館**

⛰ 台南市新化區中正路 488 號（楊逵文學紀念館 C 棟展館）

📞 06-5908865

🕐 週二～週日 9:00-12:00、13:30-17:00，週一休館

🏷 免費參觀，如需觀賞電影至少 10 人（須事先預約），詳情請洽楊逵紀念館。

新化街役場與武德殿

　　同樣緊鄰新化老街的，還有興建於 1934 年的新化街役場和武德殿。街役場曾是新化的行政中心，功能類似鎮公所，建築仿照文藝復興時期的戲院外觀，洗石子及圓弧造型有別於日治時期官方建築的樣式，十分特別，是台灣南部唯一碩果僅存的街役場建築。

　　新化武德殿是日治時期專供軍警學生及青年團訓練劍道和柔道、習武強身的場所，已有將近百年歷史。相較於其他縣市，具有唐代宮殿風格的新化武德殿，其檜木建築至今仍然保存完好，和周邊的日式警察宿舍群都相當值得一遊。

　　若喜愛傳統文化和懷舊氛圍的遊客，不妨造訪大目降文化園區，體驗新化百年來的歷史風華。

📍 **新化街役場**

🏛 台南市新化區中正路 500 號

📞 06-5905599

🕐 11:00-21:30

🏷 免費參觀

📍 **新化武德殿**

🏛 台南市新化區東榮里和平街 53 號

📞 06-5902192

🕐 週二～週日 9:00-12:00、13:30-17:00，週一休

🏷 免費參觀

八老爺車站 ── 乳牛的家

　　台南是台灣最大的農產地之一，到台南旅行最幸福的就是跟著產地「走到哪裡，吃到哪裡」。搭乘台灣好行菱波官田線不但能抵達菱角和地瓜等作物的產地，也可從菱波官田線首站的新營，延伸到隔壁的柳營酪農區和東山咖啡公路。柳營牛乳和東山的咖啡都是台南的重要特產，柳營八翁酪農專業區也是全國最大的牛乳產區。1974 年，牧場主人從紐西蘭進口兩百多頭荷蘭乳牛後開始經營「八老爺」牧場。「八老爺」名稱源自明朝末年，一位陳八老先生帶著太子爺神像，追隨鄭成功來台。據八老爺牧場指出，全盛時期曾有高達 2 萬多頭牛，目前約剩一半，但仍是知名鮮奶大廠如光泉、統一、味全等品牌的供應地，柳營自產鮮乳則採用 65 至 72 度低溫殺菌。

原本是牧場的「乳牛的家」，因 2002 年台灣加入 WTO 而開始轉型從事休閒旅遊，利用舊糖廠鐵軌，打造出具有車站外型的「八老爺─乳牛的家」觀光園區。有意思的是，從距離台灣好行首站新營站不遠的新營糖廠，搭乘俗稱「五分車」的小火車即可抵達八老爺站。園區內有動物區、手作教室、童玩區等設施，憑門票可換一瓶牛奶餵小豬、小羊、小牛，或換牧草餵食迷你馬、草泥馬，還有雞鴨、孔雀等小動物。此外，園區內還有戲水池和各種古早童玩，倘若阿公阿嬤帶孫子來時，就有現場道具可講小時候玩這些玩具的小故事，很適合遛小孩，或是一家人在此消磨時光。園區內販售牛乳、奶酪等各種鮮乳製品，以火車車廂改造而成的鐵路餐廳，則提供用當日現擠鮮乳製作、不加一滴水的牛奶火鍋等餐點。牆上掛滿柳營在地音樂家吳晉淮的照片，吳晉淮創作的知名台語歌曲包括《關仔嶺之戀》、《嫁不對人》、《不想伊》、《講什麼山盟海誓》，教過的學生有知名歌手郭金發、陳芬蘭、黃乙玲等人，坐在鐵路車廂用餐，就像是搭上時光隧道列車回到過去，重溫古早歲月。

📍 八老爺車站──乳牛的家

- ⛰ 台南市柳營區八翁里 93-138 號
- 📞 06-6225199
- 🕐 週四～週二 8:00-17:00，週三休
- 🏷 入園每人 100 元（70 元清潔費，30 元可抵消費或餵食小動物）
- 🌐 www.cowhome.com.tw/

小腳腿羊肉總店

柳營是全國最大的酪農產區，來到這裡，當然是一定要品嚐在地牛奶和羊肉的啦！

如果你也難忘台南牛肉湯宛如蘑菇般的軟嫩口感，那麼，943建議千萬別錯過把握水分尚未流失的黃金 6 小時的柳營溫體羊肉。通常羊肉吃起來又硬又柴，那是因為冷凍過後肉質失去水分，柳營的「小腳腿羊肉」總店將羊肉煮到像豬肉般軟嫩又完全沒羊騷味。它只選用月齡 8 至 16 個月且重量達到 60 公斤的母羔羊——奴比亞羊種與台灣土羊混血的品種，如此油花才能分布均勻，鮮嫩多汁，以及避免公羊因雄性激素造成羊騷味和肉質粗硬。

「小腳腿羊肉」老闆岩錚憶，三十多年前投身羊肉產業，自己養羊，也與特約牧場合作。他醉心於研發各種烹調方式，開發出清蒸三層羊肉等獨創煮法。新鮮的羊肉以清蒸方式，最能呈現原始美味，鋪在底部的蒜頭吸取了羊油和精華，吃起來香氣十足，加入麵線更是一絕。

招牌美食

　　943 建議店內必點三道招牌美食：清蒸三層肉、羊肉湯和羊油拌麵線。羊肉湯選擇半肥半瘦的雪花，涮三秒後馬上入口，吃起來不過油，湯頭也甜。此外，膠質豐富、口感軟 Q 的羊眼周邊肉，以及膠質多的羊腳（腳筋）也十分推薦。還有網路一致好評的「黃金腿」，除了精心挑選最好的母羔羊，還特別去除油脂，因為需要經過醃、燜、蒸、炸等程序，超過 5 ～ 6 小時才能達到德國豬腳般的酥脆口感，只接受至少提前一天預約。台灣由於土地成本和氣候等因素影響，羊肉價格偏高，飼養成本一公斤就高達 300 元，所以享受美食時動作要快，否則價格可能會水漲船高喔！

📍 **小腳腿羊肉**（柳營總店）

🏠 台南市柳營區重溪里 21-9 號

📞 06-6230349

🕒 週二至週日 11:00–14:00、17:00–20:00，週一休

 ## 台南柳營運動靶場

　　日劇《獨活女子的推薦（第二季）》中提到日本流行的活動「眞人 CS 野戰」（サバイバルゲーム，Survival Game 生存對戰），亦卽眞人模擬電玩中的人物對戰，到戶外以漆彈或水彈來場眞實的生存遊戲對戰。在台灣也有這樣的活動，台南的十鼓仁糖文創園區就有類似的鐳射槍對戰場地，只是，若要感受奧運規格的設施，南台灣唯一具備資格的實彈射擊專業訓練場地，就是台南柳營運動靶場。這裡曾是 1998 年區運的比賽場地，後來重新整理爲擁有手槍、不定向飛靶、運動飛靶、固定靶射擊區、漆彈、水彈及空氣軟槍射擊的射擊場所。自從東京奧運中台灣選手在射擊項目中晉級後，射擊運動忽然熱門了起來，到靶場試射也成了國內旅遊新行程。不少遊客去別的縣市打完後意猶未盡，又轉戰台南柳營再打一場，可見多麼刺激好玩。

　　台南柳營靶場採用比賽標準場 25 米，全台也只有它有開放「.22」手槍的場地，建議新手可以加入一日會員，兩人合用「.22 手槍」、「雙槍雙靶」方案，先試試擅長哪一種。若是小朋友則適合水彈槍，現場也有 BB 彈可以玩，團體則建議水彈槍。

　　教練會一對一指導，從站立姿勢、握槍持槍開始教，以五發為一單位。每種槍的站立姿勢和握姿都不一樣，教練都會一一從頭教起，所以不用擔心。來此可先嘗試手槍的雙手射擊，再試單手射擊在 15/25 米外的紙靶，第一發打出去就聞到火藥味，非常刺激。

　　除了手槍以外，還有歐洲貴族們打獵用的長槍，採用的奧運規格飛靶盤，是用瀝青和泥土壓縮製造的環保飛靶，風吹日晒後，就會風化為土壤。看到電影裡面那些英國貴族嬌嬌女舉槍都好輕鬆，943 第一次接觸獵槍時只覺得很重，二訪靶場試射時就覺得還好，原來也是要常常練習。好在散彈槍打飛靶沒有想像中的難，只要直覺地跟著打，命中率往往比手槍打固定紙靶還好，因為散彈槍的子彈多，容易命中，只是散彈槍的後座力不小，記得要將槍托夾緊才不會讓身體「烏青」喔！建議自備耳塞，就不用在現場掏錢購買。

　　來柳營靶場也很推薦玩水彈，水彈槍打起來很像機關槍的聲音，用來對戰非常刺激好玩。若是單純射擊，水彈的靶也比手槍近很多，很適合小朋友。而且，水彈就算打中也只是碎掉而已，不會沾濕也不會弄髒身體。用 BB 槍打靶子鐵片則會有叮叮聲，很有成就感。喜歡刺激的你，不妨來此感受日劇裡刑警練習射擊的場面和真實手槍的後座力，絕對令你大呼過癮！

📍 **台南柳營運動靶場**
⛰ 台南市柳營區旭山里山豬陷 4 號
📞 0905-113220　　🕙 10:00-17:30
🏷 加入一日會員購買課程

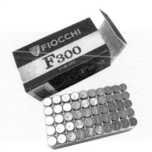

太康綠色隧道

離開柳營，可別錯過沿途 4.5 公里的「太康綠色隧道」，這是由 700 多棵超過五十年的老芒果樹組成的綠蔭大道，據說是日治時期爲了躲避盟軍轟炸「軍路」，規定每戶人家種植 5 棵而成的林蔭。後來爲了紀念韓戰歸來的反共義士，故命名爲義士路，曾被評選爲「南瀛八景」，不妨在此停留拍照。

烏樹林休閒園區

　　「烏樹林車站」是位於台南後壁區，有百年歷史、台糖烏樹林糖廠附屬的火車站，也是台灣第一座觀光小火車站。

　　糖廠建於 1910 年，1927 年併入知名的明治製糖株式會社，生產的高品質白糖曾得到日本皇室「御用糖」的稱號。

　　園區內的火車站古色古香，站長室還保存著許多古早年代的鐵道文物，例如路牌、號誌色燈等，百年屏風及木製候車椅也都是原汁原味呈現。周邊還有地震體驗館及糖業鐵道故事館可供參觀，不少家庭扶老攜幼來趟五分車之旅，搭一趟約 50 分鐘，不僅適合親子旅遊，也是推薦給鐵道愛好者的觀光景點。

📍 **烏樹林休閒園區**

⛰ 台南市後壁區烏樹里烏樹林 184 號

📞 06-6852681

🕐 每日：8:45-17:00

🏷 免門票進入。五分車車票成人 100 元，
兒童 / 長者 / 愛心優待票 50 元

東香貓咖啡園區

　　從日治時代就開始種植咖啡豆的台南東山，由於市道 175 公路沿途都是咖啡產地，而有了「東山 175 咖啡公路」之稱。這條公路除了風景優美的 174 翼騎士驛站與仙湖農場，還有個令咖啡迷嚮往的「東香貓咖啡園區」，來此可聽得過不少專業獎項的達人老闆，分享從種植、採收、烘焙到沖煮的咖啡經，品嚐香氣可歷時 40 分鐘之久的美味咖啡。

　　東香貓以自家種植咖啡豆中度烘焙及虹吸式煮法煮出的阿拉比卡咖啡，口感清爽偏酸，帶著淡淡的巧克力和水果香氣。除了「不用鼓起勇氣喝麝香貓也能滿口生香」的好咖啡之外，每年的咖啡、龍眼、酪梨採收季，還提供採果體驗，實際參觀遵循古法以現代技術操作的龍眼烘焙窯，龍眼乾的製作過程相當繁複，也是十分少見而難得的體驗。

東香貓咖啡園區
台南市東山區南勢里三鄰大洋 29 號
06-6863156
平日 12:00-17:00（需先預約）
假日 10:00-18:00（預約不此限）
www.dsmcoffee.tw

大鋤花間咖啡生態農場

在東山咖啡公路，若要用餐，首選是視野和餐點評價都很優的「大鋤花間」，這裡也是咖啡公路的第一間咖啡店。店主人曾經是出版社老闆，20多年前結束在台北的事業，舉家搬遷到曾經客居一年的台南東山。起初他只是懷抱田園夢，想在山上過著晴耕雨讀的生活，後來因為想和過路遊客分享自種的咖啡、可可而開始經營農場。他不想讓開店變得過度商業或犧牲自然生態，所以儘管平時高朋滿座，卻不求翻桌率，也不設立低消。

　　烘焙咖啡剩下的咖啡殼，店主夫婦費心研發成獨一無二的「咖啡果殼茶」，還有原本令農人厭惡，俗名「鬼針草」的咸豐草，他們將東山特產龍眼花茶以冰糖炒製的古法加以改良，成為讓客人喝完讚不絕口、掃貨回家的創意飲品。在國內外得獎的自種濾掛咖啡、咖啡果殼茶和咸豐草茶，連台南知名的文創商店林百貨都有販賣。而參考釀製梅子作法的李子露超好喝，則是店主抱持愛物惜物的心情，無意中研發出來的好物。

　　此外，加入牛奶的濃郁玉米南瓜濃湯，還有吃起來酸甜清淡的咖啡果露火鍋，都是網路上評價不錯的餐點。

📍 **大鋤花間咖啡生態農場**

🏔 台南市東山區高原 109-17 號（175 號咖啡公路 11.5 公里處）

📞 06-6864350

🕐 平日 10:00-18:00，週六、週日 10:00-21:00，週二、週三休

🌐 /coffeedachu.com/

從鹽水到鹽山的歷史文化小旅行

西濱快線 乘車路線 61

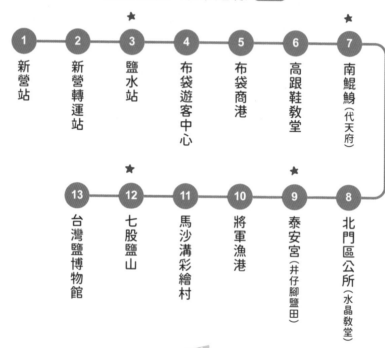

1 新營站
2 新營轉運站
★ 3 鹽水站
4 布袋遊客中心
5 布袋商港
6 高跟鞋教堂
★ 7 南鯤鯓（代天府）

13 台灣鹽博物館
★ 12 七股鹽山
11 馬沙溝彩繪村
10 將軍漁港
★ 9 泰安宮（井仔腳鹽田）
8 北門區公所（水晶教堂）

![相機圖示] **鹽水小鎮**

　　鹽水舊名「月津港」，早年曾是台灣四大城之一，許多商賈聚集於此，形成豐富的歷史文化。每年元宵節前後，無論被譽為「全台最美水岸藝術燈節」的月津港燈節，或名列全球三大民俗慶典的鹽水蜂炮都是熱門活動。除了知名節慶之外，鹽水小鎮像是橋南老街、八角樓、月津故事館、鹽水舊車站等，平日也值得一逛。

鹽水武廟

逛完月津港燈節，還可順遊鹽水武廟祈福。鹽水武廟興建於1715 年，主祀文衡聖帝，相傳明代末期麻豆一位信女收藏的關聖帝君畫像，被狂風刮起。信女僱人追蹤，發現聖像被吹掛在鹽水港新街（亦即今鹽水武廟路）的大榕樹上，請人爬樹摘取畫像時卻發現無法請回。根據記載，圍觀群眾中有位長者詢問：「是否關聖帝君要移駕本街接受善信奉拜？」經過燃香擲笅確認後，當地人士與該信女集資搭建臨時廟宇供奉關帝，成為鹽水武廟的開端。

鹽水武廟也是主辦鹽水蜂炮的廟宇。相傳清末時期鹽水地區瘟疫蔓延，當地民眾遂請關聖帝君出巡遶境，神轎所到之處，沿途居民燃放鞭炮。後來瘟疫真的減緩了，於是鹽水蜂炮就成為每年正月十三至十五例行的元宵慶典。神轎從武廟出發遶境鹽水時，沿途數百座炮城數十萬支蜂炮齊發，烽火連天，十分熱鬧，鹽水蜂炮也被稱為世界三大嘉年華之一。

📍 鹽水武廟

⛰ 台南市鹽水區武廟路 87 號

📞 06-6521264　　🕐 5:00-21:00

聚波亭大眾廟

　　鹽水地區在明朝鄭成功治理時期的港口為「倒風內海」的月津港，因河流彎曲形似半月而得名。商旅雲集，繁榮一時，曾有「一府、二鹿、三艋舺、四月津」的稱號。碼頭西側有集資興建供往來船客休息的涼亭，因匯集八掌溪、急水溪及海水，名為聚波亭。1741 年又於亭旁興建大眾廟，祈求舟船航行平安，主祀雷府萬春大將軍。

　　聚波亭大眾廟最為人所知的是祀奉武財神趙公明的神殿中，有座以 5000 張麻將牌蓋成的小廟，前來參拜的遊客可放入自己的名片或准考證，祈求學業或事業順利，還可用大錢換小錢的方式求得錢母。例如將五元投入油錢箱後，從小廟中取一元銅板，放入平安符中過香爐再隨身攜帶，祈求財運亨通。

　　大眾廟有個傳說，最早福德正神是數年前遶境時的土地公神像，後來民眾發現這尊神像二尺二吋的白色鬍鬚竟然長出黑色的新鬍鬚，而且還是捲曲的，長達七尺，直至神桌，現在更生長到九尺八吋。不少當地民眾將福德正神當作財神，攜帶土地公喜愛的麻糬和花生前來敬拜。

📍 **聚波亭大眾廟**
🏛 台南市鹽水區中境里武廟路 7 號
📞 06-6522205
🕐 5:00-20:00

 **鹽水小吃**

鹽水最有名的就是鹽水意麵了。許多遊客會去的阿桐意麵，肉燥居多且味道不錯，只可惜不接受預約，需要現場排隊。至於當地人會去吃的「月津懷舊食堂」，麵條很 Q，滷肉金黃又入味。令 943 印象深刻的還有御香豬里肌排，80 元一盤，看似普通的炸排骨，咬下去外酥內軟，媲美知名餐廳販售的豬排。

南鯤鯓代天府

　　距離知名景點「井仔腳鹽田」不遠的南鯤鯓代天府，因國運籤而聲名大噪。「鯤鯓」意指台灣西南部外海一帶的眾多沙洲，看似鯨魚隆起背部而成為地名。南鯤鯓代天府主祀「代天巡狩」李、池、吳、朱、范府等五府千歲，因分靈至兩萬六千多處，而有「台灣王爺總廟」之稱。不僅是國家古蹟，也是全台少數獲得「國家重要民俗」榮銜的廟宇。每年香客多達近千萬人次，占地近 6 萬坪，是台南面積最大的王爺廟。

　　南鯤鯓代天府的特色是廟中有廟，來到入口處先看到的是五府千歲的大廟代天府，往裡面走則會看到另一祀奉萬善爺的小廟萬善堂。根據民間傳說，清代有位牧童在此得道成仙，而五府千歲也相中此地風水建廟，造成兩方僵持不下，後來由鄰近赤山岩的觀世音大士調解，協議五王蓋大廟，萬善爺建小廟，兩廟共享香火，共同守護地方眾生。此後，香火鼎盛，參拜人潮絡繹不絕。

　　南鯤鯓代天府的另一個特色，是保有 1926 年遠從澎湖以帆船載運捐助重建的「金錢壁」，被譽為全台唯一的咾咕石牆。座落於正殿後牆，八角形的「八卦龜錦紋」，象徵招財祈福。還有凌霄寶殿前拜殿的現代人物彩繪，包括現代運動明星等。廟頂交趾陶也突破傳統作法，將台灣現代建築如 101、總統府等作為描繪主題，融合古今東西元素。

　　此外，不可錯過的還有凌霄寶殿內純金打造的黃金玉旨，熔鑄了多年來信眾捐獻的 10800 兩黃金，市價約 6 億，堪稱世界之最。南鯤鯓代天府也因豐富而多元的主題，而被米其林評為旅遊「綠色指南三星級景點」。

📍 **南鯤鯓代天府**
🏔 台南市北門區蚵寮里 976 號
📞 06-7863711
🕢 7:30-21:00

 井仔腳鹽田

　　位於台南濱海的「井仔腳瓦盤鹽田」不僅是北門的第一座鹽田、台灣 36 祕境之一，也是現存最古老的瓦盤鹽田遺址。在 2002 年結束晒鹽以前，已有三百多年的鹽業歷史。來到北門鹽田可體驗有遮陽棚的電動腳踏車，天氣不熱時，海上吹來涼風習習，或傍晚無日晒時，非常舒服。若從一旁海巡署的建築高台遠眺，或爬上頂樓看夕陽，鹽田風光便能一覽無遺。

　　井仔腳有間被不少台南人列入口袋名單的鹽鄉民宿餐廳，是熱門戲劇《俗女養成記》的取景地，943 也來吃過不少次。已清除兩百多根魚刺的乾煎虱目魚十分香酥，熱門菜色還有蚵仔拌麵線、赤嘴、黃金蛋等，是不少當地老饕們的必點美食。

　　井仔腳瓦盤鹽田不僅在藍天白雲下拍起來特別好看，每逢傍晚時分，也總是吸引不少遊客與攝影愛好者前往捕捉夕陽映照在鹽田滷水間的美麗倒影。井仔腳瓦盤鹽田的官方粉專甚至還會公布每日落日時刻，以服務遊客。如此吸引人的景緻，讓它近年屢屢奪下國外大獎，例如 2017 年榮獲亞太旅行協會（PATA）「環境保育類 - 環境教育計畫」金獎、2021 年的「行銷類－旅遊攝影」金獎、2022 年「亞太永續行動獎」金獎。2023 年井仔腳瓦盤鹽田風情影片甚至從 20 個國家的 100 多部影片中脫穎而出，榮獲德國柏林旅展金城門獎的生態旅遊類銀星獎。若錯過真的相當可惜呢！

📍 **井仔腳瓦盤鹽田**

🏔 台南市北門區復育鹽田西南郊

📞 06-7861629　　⏲ 每日 9:00-18:00

📘 www.facebook.com/JingZaiJiaoTilePavedSaltFields

七股鹽山

　　來到七股鹽山，若想體驗當年鹽工們艱辛的生活，可以下田試試身手，用耙子把鹽梳開，再以石輪整地，把鹽田的土地壓平。一旁陳列室放置了當年鹽田的交通工具，例如藍色小巴是長官巡視的車，綠色是台南鹽田的機關車，橘色則是嘉義鹽田的公務車，造型十分特別。

　　七股鹽山旁的七股遊客中心不僅展示台鹽出產的各種生技商品，從咖啡到保養品等，還有每年都吸引不少人潮的鹽雕展，不妨搭小火車四處逛逛，或就近到台灣首座鹽業主題的台灣鹽博物館走走，定期都有推出新的展覽。

　　記得十多年前 943 造訪七股鹽山時，當時除了鹽山以外什麼也沒有，後來才逐漸發展出遊客中心、販售處、小火車、遊園車、龍骨車、博物館等週邊觀光設施。現在甚至還有鹽滷豆花 DIY，以及一日鹽工體驗，像是「石板天日曬鹽 DIY」、「鹽工技能檢定」、

雲嘉南濱海國家風景區管理處提供

「擔鹽」、「扛鹽包」和「推台車」等有趣活動，提供民眾參與同樂。將玄武岩石板澆上鹽滷水，再使用傳統曬鹽道具「鹽收仔」與「鹽簍」，在太陽照射下來回反覆「耙鹽」，幫助水分蒸發形成鹽巴結晶，就能收成自己曬成獨一無二的白鹽。還有體驗一肩挑起數十公斤的鹽籠，或將收成的鹽包扛起的「技能認證」，感受昔日鹽工的辛勞與鹽田文化。體驗完後可別忘了來碗鹽山特產的鹽滷豆花和海鹽鹹冰棒，有烏梅、藍藻、杏仁、蛋黃等四種口味，清涼又消暑。

📍 **七股鹽山**

⛰ 台南市七股區鹽埕里 66 號

📞 06-7800511#49　　　🕐 僅休除夕整日及政府公告之颱風假

🔑 每輛機車／腳踏車／每人徒步收清潔費 50 元。小客車（乘客免費）每車收清潔費 100 元，大客車免費（限 20 人座以上）

海洋之子的歷史足跡

安平線 乘車路線 99 假日行駛

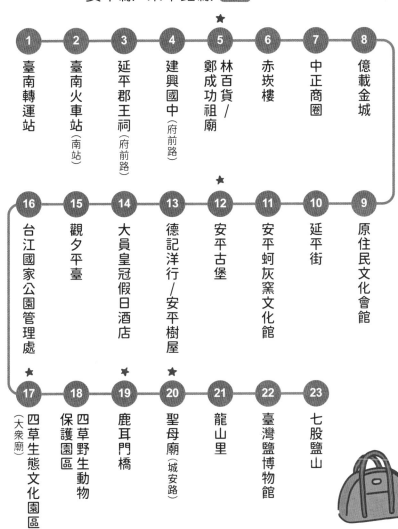

1 臺南轉運站

2 臺南火車站（南站）

3 延平郡王祠（府前路）

4 建興國中（府前路）

5 ★ 林百貨／鄭成功祖廟

6 赤崁樓

7 中正商圈

8 億載金城

16 台江國家公園管理處

15 觀夕平臺

14 大員皇冠假日酒店

13 德記洋行／安平樹屋

12 ★ 安平古堡

11 安平蚵灰窯文化館

10 延平街

9 原住民文化會館

17 ★ 四草生態文化園區（大眾廟）

18 四草野生動物保護園區

19 ★ 鹿耳門橋

20 ★ 聖母廟（城安路）

21 龍山里

22 臺灣鹽博物館

23 七股鹽山

 安平老街

提到國旅，許多人首先想到的是關鍵字搜尋第一名的台南。若要去台南，安平是熱門選項。

來到安平，除了知名的安平古堡，也可到有「台灣第一街」之稱的安平老街延平街走走。這是 300 多年前荷蘭人在安平建立的街道，也是台灣最早的街道之一。

943 建議可從安平古堡站牌旁的昔日首富豪宅盧經堂古厝出發，先逛逛附近鴉片戰爭留下的安平小砲台、安平路 850 巷俗稱「乾隆海堤」的道光砲牆和東興洋行，回味一下數百年來的歷史。接著在彎彎曲曲的安平巷弄晃晃，行經昔日清代水師五個安平班兵會館中唯一僅存的海山館，以及尋訪民宅屋頂的風獅爺和門牆上的劍獅。

手拉胚體驗

　　安平老街除了蝦餅等小吃美食，還可體驗有趣的手拉胚。體驗做陶土樂趣的不是只有鶯歌，從安平熱蘭遮城出土、鄭成功時期的「安平壺」，歷史比台灣其他發展陶藝的地方都久遠。

　　來到安平陶坊，不妨體驗一下手拉胚活動。在老師的指導下，大人小孩都可以在自動旋轉的圓盤上，自由形塑出想要的形狀。只需 20 分鐘，各種生活中的器皿如杯盤瓶碗都能完成。成型後，選擇自己喜歡的顏色，請店家代為上釉，三週後燒製完成，就有美美的陶瓷成品可以自取或宅配回家，還有安平劍獅鑄模和陶土彩繪等，有趣又好玩。

📍 **安平陶坊**
⛰ 台南市安平區延平街 53 號
📞 06-2289795　　🕐 10:30-17:30

煎椪餅

除了手拉胚，安平老街也有極富古早味的「煎椪餅」活動可供體驗。椪餅就是膨脹中空的傳統黑糖點心，除了直接吃以外，也是以往物質不豐裕的年代，以麻油煎椪餅取代麻油雞，提供產婦坐月子的補品；當地俗稱「月內餅」，現已成為台南的知名伴手禮。943 在老街的三合院中體驗了煎椪餅 DIY，作法是在鍋中加入麻油燒熱並爆香薑片後，以鍋鏟將圓滾滾的椪餅輕輕敲出一個洞，打入一顆雞蛋，煎到熟即可。令人懷舊的煎椪餅滋味鹹中帶甜，也適合素食者。DIY 體驗費一人只要 50 元，非常經濟實惠。4～6 人即可開團，可向安平老街的「阿水伯傳統包子」報名。

河童町故事館

　　距離東興洋行不遠處，安平老街巷內有一間「河童町故事館」，門外有充滿日本昭和時代懷舊氛圍的布置造景可免費拍照，從復古招牌、電車站牌、候車椅到日文海報，都充滿了濃濃東洋風情，彷彿一秒置身日本街頭。

　　進到日式庭院風的小院子，可以看見自動販賣機、郵筒、狐狸面具等拍照道具，店內陳設日本進口酷炫小物和安平特產蝦餅、非油炸仙菓和彈珠汽水等點心。河童町故事館由安平工業區內在地的蝦餅工廠經營，不但是網美拍照打卡熱點，也是探買伴手禮的人氣小店。

📍 **河童町故事館**

⌂ 台南市安平區安北路 207 號

📞 06-2239135

🕐 平日 11:00–18:00、假日：10:00–18:30

 河岸咖啡

　　若是在安平遊憩碼頭逛累了，不遠處的安億橋下，有個 2022 年 8 月開幕的「河岸咖啡」可歇腳。這間具有百年歷史的古蹟，前身是 1926 年台南新運河開通時成立的「稅關安平支署安平船溜派出所」，負責辦理安平港貨物進出口的關稅事務。由於疫情導致多次招標不順，現由台南市文化局自行營運，也是台南第一個由文化局自營的咖啡店。

　　古蹟內保留了當年的辦公室及起居室的原貌，除了老照片，也可在古色古香的窗檯邊欣賞河景、喝咖啡。裡面還有不少令人愛不釋手的文創小物，在新舊交織的空間中，回味一下台南運河及安平港的歷史發展，別有一番風味。

 河岸咖啡

⛰ 台南市安平區安平路 97 之 15 號

📞 0903232168　　🕙 10:30-18:00，週一休

安平運河遊船

　　遊覽古都台南，除了從現代道路的角度，不妨搭船遊運河，從古早年代來往商船的視角，來看看這個歷久彌新的城市。安平運河遊船曾獲得「2020 台灣景觀大獎特殊主題類夜間景觀佳作」和「2021 公共建築景觀類建築園冶獎」。和幾年前剛營運時相比，不但河水味道變淡，「金色流域」計畫也讓運河長約 3.5 公里的沿岸更明亮、更美麗，因此多了「台版巴黎塞納河」的稱號。

　　「運河金色流域」的金色燈光，包括原本河樂廣場旁舊魚市場圍籬的「大海的寶物」藝術牆，還有多次獲得燈光獎的「大魚的祝福」地景藝術，以及金城里活動中心的「大魚星光牆」。全程有 11 座橋梁光雕，包括最美的斜張橋「新臨安橋」。由於船隻通過橋墩底部需要考慮潮汐因素，有些橋墩還要彎身經過，就像普吉島洞穴遊船一樣，刺激有趣。

　　943 建議搭乘安平遊船前，先上官網查詢，最好提早抵達，才能確保座位。船不等人，因為若錯過了潮汐，可是會因為水位過高，過不了橋喔！船上有專人解說也有音樂，就連許多台南在地市民都會在晚餐後到安平運河搭船，來趟悠閒的水上之旅呢！

📍 安平運河遊船
🏠 台南市安平區安億路 501 號
📞 06-2990239
🕐 13:00-19:00

安平亞果遊艇碼頭

　　如果你和 943 一樣懷念在歐美國家如邁阿密、地中海沿岸港口看到的整排遊艇，其實不用愁，現在在台南安平遊艇碼頭也能看到整排風帆遊艇了！為什麼是風帆呢？因為現代的帆船遊艇底部有龍骨設計，不但不容易翻船，也可逆風航行，因此全世界 70% 的遊艇都是帆船。

　　遊艇在歐美國家是政商名流交流聚會的社交場所，上流階級收藏遊艇就像是坐擁豪宅。在船上聚會商談，功能近似打高爾夫球，但坐遊艇不用比球數，輕鬆從容得多。美國總統甘迺迪就是遊艇的愛好者，愛因斯坦亦曾盛讚駕駛帆船需要運用許多科學知識，甲骨文執行長勞倫斯·艾利森也說，他在柏克萊大學學到最重要的知識，

就是駕駛風帆。坐遊艇的風氣開始逐漸在台灣萌芽，不但有情侶在遊艇上約會慶祝，甚至求婚，遊艇還可擔任婚禮中帶新娘出場的任務，新潮又別出心裁。在台灣想要體驗歐美貴族品味的遊艇並不需要花大錢，一人只要 3000 元就能出海 3 小時。船上還有房間和衛浴，宛如私人郵輪套房。

　　從台南安平出海，有時 4、5 月或 9 至 10 月也有機會在台南看到藍眼淚，欣賞波光粼粼的漁光島或到興達港，也可選擇從台南到澎湖的三天兩夜航程，無須出國就能體驗高檔的海洋遊艇之旅。

📍 **安平亞果遊艇碼頭**
⛰ 台南市安平區新港路二段 777 號
📞 06-2982999　　🕙 11:00-21:00

四草綠色隧道

　　如果要帶外國朋友玩台灣，943 最推薦的私房景點就是四草綠色隧道。說到台南的國際級景點，一定不能錯過的是有「台版迷你亞馬遜森林」之稱的四草綠色隧道。搭乘膠筏悠遊在大眾廟後方的水道，一面聆聽導覽解說紅樹林、招潮蟹、彈塗魚、大白鷺等在地生態，一面欣賞四周幽靜的景致，偶爾還得閃躲兩旁樹枝的刺激感，十分有趣。雖然只有 30 分鐘的遊程，但與紅樹林及生物距離非常靠近，林相完整又美麗，可說是相當難得的生態體驗之旅。

> **四草綠色隧道**
>
> 台南市安南區大眾路 360 號
>
> 06-2841610　　8:00-16:00
>
> 綠色隧道全票 200 元、優惠票 / 愛心票 100 元、0 至 6 歲及 80 歲以上 30 元

烏橋無菸公園

不少人驚訝地發現，台南竟有如此童話夢幻的城堡建築？！這棟被暱稱為「城堡」的建築，位置就在中西區府前路上的烏橋公園。它融合了恢弘又雅緻的尖頂圓塔、巴洛克風格雕飾、西式角窗，還有天使、白鴿和希臘雕像，濃濃的歐式風格，讓人有一秒來到歐洲的感覺。為何台南的建築會建造得如此洋派？原來十多年前這裡是獎勵民間投資方案興建的 BOT 案，曾經作為幼稚園、西餐廳，由台

南市政府回收後，爲了活化閒置空間，一度改承租給內政部移民署台南市第一服務站辦公，期間還因爲「僞出國」風潮而聲名大噪，移民署因經費問題，繼續留在原地續租數年，2021 年才搬遷。「城堡」有別於台南市內許多台式、日式風格古蹟，獨樹一格的歐洲風情，除了吸引許多遊客、網美前往參觀及打卡拍照外，也是新人拍攝婚紗的熱門取景點。

📍 烏橋無菸公園
⛰ 台南市中西區府前路二段 370 號

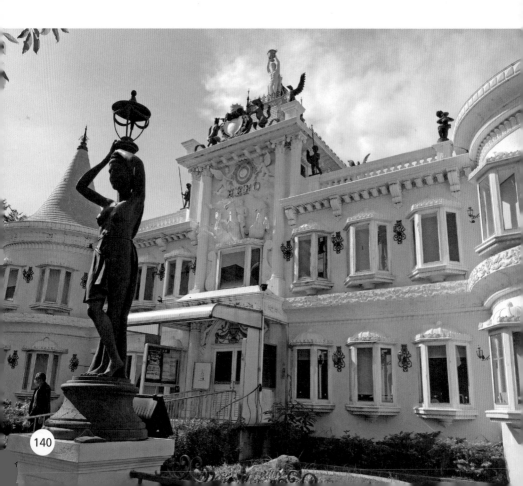

 正統鹿耳門聖母廟

正統鹿耳門聖母廟被譽為「東南亞最大的媽祖廟」，供奉天上聖母、五府千歲，除了可參觀百年王船、求月老，元宵節前都可過七星平安橋、敲鐘祈福，或在大殿摸春牛、金元寶等沾沾財氣。

值得一提的是，正統鹿耳門聖母廟還特別設置了宮廷古風的攝影棚，只要捐贈媽祖緣金 100 元，即可選擇一套古裝拍照留念。不少遊客來此拍攝情侶照、親子照和全家福，搭配聖母廟號稱全台唯一紫禁城宮殿實景的雄偉建築，加上專業燈具及古裝配件，不用花大錢就能拍得十分開心。

📍 正統鹿耳門聖母廟

⛰️ 台南市安南區城安路 160 號

📞 06-2577547　　🕐 5:00-21:00

 ## 鹿耳門天后宮

　　鹿耳門另一座香火鼎盛的廟宇，還有「鹿耳門天后宮」。樓梯有別於一般石造雕塑，採用隱隱發亮的銅雕，同時也是知名電影《孤味》的拍攝場景。這裡獨樹一格的特色是有光明燈。在此點燈，可不是只有如手指大小的迷你燈座，而是做成巨型燈籠的光明燈！據廟方說，這是媽祖扶鸞降駕的指示。

　　由於鹿耳門是鄭成功當年上岸的地方，而有「台灣之門」之稱，掛滿燈籠的走廊名為「歷史迴廊」。

　　「鹿耳門天后宮」另一特色是許願牌和每年圖案都有變化的錢母，例如 2021 年牛年的錢母銅板名為「福亨通寶」，2022 年虎年則為「福安通寶」，每年都是信眾搶購的紀念幣。由於除夕夜可搶頭香及領媽祖歲錢，隔天初一早又能排領獨一無二的媽祖御賜喜神通寶，不少人還會直接在天后宮前跨年，與神明一同迎接新的一年。

 鹿耳門天后宮
台南市安南區媽祖宮一街 136 號
06-2841386

高雄、屏東

　　幾乎一整年都是好天氣的高屏地區，除了度假天堂墾丁，還有其他好去處。

　　台灣好行大鵬灣琉球線銜接了高鐵、台鐵、客運及兩個可到小琉球的碼頭，是前往搭船最近離島的最佳交通方式。

　　若想造訪雲霧繚繞宛如仙境的神山部落和霧台部落、處處是藝術的禮納里部落，體驗魯凱族文化、學習製作原住民美食「祈納福」，或品嚐好吃的神山愛玉及紅藜小米甜甜圈，可搭需事先預約的神山線，此線為郵輪式巴士，5 人即可成行，淡季若運氣好，沒有其他乘客，則可當成自家包車。車上有導覽人員，不用煩惱交通接駁問題，也能更深入了解魯凱族的歷史文化與傳說。

　　小琉球是台灣唯一不受東北季風吹拂的離島，冬季氣候溫暖。從本島到小琉球，船程只有 30 分鐘左右，非常適合來此散心和從事親水活動，浮潛、潛水和欣賞綠蠵龜都是常見的體驗。

　　台灣好行大鵬灣琉球線的套票非常超值，例如「小琉球自由行交通全享包」每人 750 元，包含原價 240 元從高鐵左營站到屏東前往小琉球的東港東琉線碼頭、大鵬灣濱灣碼頭的來回車票，以及價值 400 元的東港小琉球泰富號來回船票、小琉球風景區門票 120 元（包含美人洞、山豬溝、烏鬼洞）、小琉球島上機車租車優惠券，以及小琉球環島公車一日無限搭乘，十分划算。

　　943 推薦來到小琉球，除了最知名的花瓶岩外，可別錯過有著美麗藍色珊瑚礁的美人洞望海亭和純白沙灘的蛤板灣沙灘（威尼斯沙灘），還有新興的打卡熱點，如龍蝦洞、紅番石等景點。

交通部觀光局授權 朱智青攝影

串遊高屏自然人文風景

大鵬灣琉球線　乘車路線 9127-D

① 高鐵左營站　② 東琉線碼頭站　③ 屏客東港站　④ 濱灣碼頭站　⑤ 大鵬灣遊客中心

洲仔濕地公園

許多人搭高鐵往來都是匆匆經過左營，很少在此停留遊覽，其實左營不是只有都市叢林，附近就有宛如都市世外桃源的蓮池潭和洲仔濕地公園。洲仔濕地公園位於高雄左營蓮池潭畔，是「西高雄生態廊道」其中一環，也是高雄 968 公頃濕地中第一個獲得環境教育設施認證的教育中心。占地 9.1 公頃的「洲仔濕地公園」不只是作為休閒的都市綠地和生態棲息保育地，也有滯洪的功能，因成功復育水雉，曾多次獲得全球卓越建設獎、公共工程金質獎等殊榮。

依據 1971 年聯合國《拉姆薩濕地公約》中對濕地的定義：「濕地是指沼澤（marsh）、泥沼地（fen）、泥煤地（peatland）或水域所構成之地區，無論是天然或人為、永久或暫時、靜止或流動的、淡水、鹹水或兩者混和，其水深在低潮位時不超過 6 公尺者。」

濕地的組成三大要素就是水、土壤、水生生物。「洲仔濕地公園」擁有許多植物成為「都市之肺」，更是具有淨化水質和減洪功能的「都市之腎」呢！

　　「洲仔濕地公園」被列為國家級重要濕地，2002 年規劃興建至今，共有 300 多種濕地植物及 61 種水鳥，是生態觀察的自然博物館，也可製作植物花草拓染 DIY 體驗。這裡不是用鎚子敲打取植物汁液，而是用廢棄的高爾夫球，十分有趣，943 覺得這種廢物利用的創意非常環保啊！拓染的作法很簡單，選取想要拓印的葉子或花瓣後，先用膠帶固定在帆布袋上，接著用手盡量努力地滾，用高爾夫球將花草汁液擠出滲入帆布袋。等滾壓得差不多之後，再輕輕撕掉貼在花草上的透明膠布。這時就製作完成獨一無二、具有自我風格的 DIY 植物拓染帆布袋囉！

📍 洲仔濕地公園

⌂ 高雄市左營區環潭路 58 號

📞 07-5822371　　🕘 9:00-12:00、14:00-17:00，週一休

🏷 免費。解說中心周邊（管理服務區）週二至週日開放，如需導覽請事先預約。

 左營舊城

　　你知道台灣最早的土建城池和第一座石城是在哪裡嗎？答案是左營。台灣目前現存的古城當中，除了恆春縣城以外，就屬左營鳳山縣舊城保存得最完整了。位在左營的鳳山縣舊城設有能讓馬走上城牆，以便迅速傳遞訊息的馬道，斜坡狀的「踏道」一共有七階，又寬又大，看起來不像人走的階梯。這個專為牽馬登上城樓而設計的寬距石梯，門上還有硬山式燕尾脊，目前只能在左營舊城和恆春古城看得到。

　　左營舊城牆目前也是東門這段保存得最完整，共有大約500多公尺。位在東門路與城峰路交叉口的遺址「東門」，又稱「鳳儀門」，是國定古蹟，還有護城河。有趣的是，城門上的東門兩字寫在城內，鳳儀門則寫在城外，為的是不讓敵人辨別方向，只有自己人才知道東南西北。現今左營還保有的古城遺址西門「奠海門」已不在，只剩下東門「鳳儀門」、北門「拱辰門」、南門「啟文門」、護城濠及北門外的拱辰井和鎮福社等了。

　　左營舊城是個相當有故事的古蹟，其實最早清廷並不想花太多成本在台灣築城，但當時治安不佳，官員為了自身安全，自籌經費興建木柵城。1721 年（康熙 60 年），朱一貴以反清復明為號召發起民變，半個月內幾乎占領全台；1722 年鳳山知縣劉光泗以土埆在鳳山縣的縣治左營築城，所以左營又稱為鳳山縣城，也是台灣第一座土建城牆。後來因為 1786 年被天地會領袖林爽文攻破，官署只好遷往今天的鳳山區並興建了一座「新城」，於是左營原本的城就稱為舊城。

　　1826 年（道光 6 年），左營舊城又從土城改建為當時台灣第一座以土石興建的城池，內外城牆使用在地建材佬咕石（珊瑚礁石），中層為就地取材，使用田間泥土加稻稈，以人工夯實。

　　而石城的建設也有故事，當時清廷經費短缺，因此鳳山縣城是由官民合資興建而成的，也是當年的 BOT 創舉。其中民間出資較多，興建費用預計番銀（西班牙銀元）12 萬，最後卻只用 9 萬多就蓋好。這是因為同時找四家承包商拚比，若蓋得最快最好的就能得標，興建下一座城池。各包商當然全力以赴，自掏腰包砸錢，日夜趕工也要搶第一。有了左營舊城這個先例，後來的竹塹城和恆春城也循此模式建成。

 **見城館**

　　若想了解左營舊城的歷史，可到見城館走走。見城館主要介紹左營歷史，共有「城在台灣」、「鳳山縣城的演變」、「舊城尋寶」、「穿越時空見城」等展區。重點是左營城模型，乍看雖然沒什麼特別，但這個城池模型可是會動的！配合每半小時整點播映的光雕秀，短短 8 分鐘，全無冷場。各種光雕和移動模型移動走位，讓人立馬看懂數百年來，左營為何興建台灣最早土建城牆、全台第一石城的來龍去脈。講到建城時，模型的城牆機關就會蓋起來；講到拆掉時城牆就移走，聲光效果俱佳，連小學生都看得津津有味。除了每半個小時播放一次的光雕秀，還可以和服務台借用 AR 互動裝置，看清楚土文物碎片的修護全貌和碑文，就像 X 光機一樣，給人一種「哇！原來如此」的驚奇。

　　943 沒來當地之前都不知道，原來左營有這麼多台灣第一呢！原來參觀博物館也這麼有趣。在此推薦大家，有空一定要來看這個有趣的導覽科技，即使在國外也不常見呢！

📍 見城館

⛰ 高雄市左營區龜山巷
157-2 號

📞 07-5888398

🕒 週二到週五 11:00-17-
00，週六、日
10:00-18-00，週一休。

造訪魯凱族原鄉祕境輕旅行

神山線　乘車路線　508　預約成行

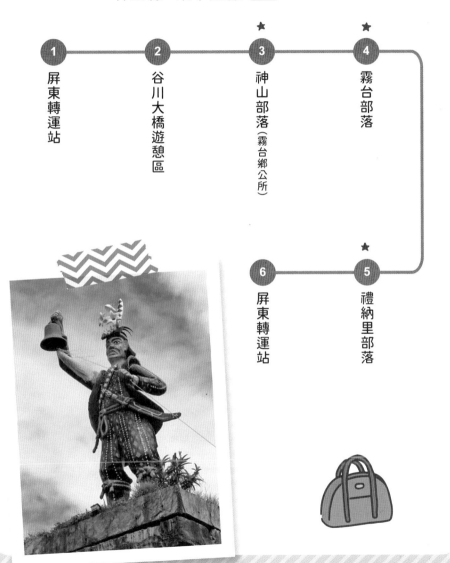

★
3 神山部落（霧台鄉公所）

★
4 霧台部落

1 屏東轉運站

2 谷川大橋遊憩區

★
5 禮納里部落

6 屏東轉運站

神山部落

屏東神山部落風景秀麗，尤其是傍晚霧氣繚繞、冉冉上升時，非常夢幻，簡直就像是人間仙境，難怪被稱爲「神山」。當地美麗的景致讓 943 看到入迷，強烈建議到神山至少要住一個晚上才夠，茂林國家風景區管理處委外經營的霧光雲台景致非常棒，也很受歡迎。

神山部落又稱月亮部落，有個傳說是：月亮神有一天來到神山部落，因爲太喜歡這裡就留下來不走了。但有月亮在，族人出入都得繞路，於是商量送一個鑑別禮物給月亮。他們送了部落三寶——陶壺、琉璃珠、青銅刀，月亮神都不滿意，正在發愁時，一位部落媽媽送來女生用的苧麻布，月亮神非常喜歡，滿意地離開。之後，族人才恍然大悟：原來月亮是女神呀！月亮坐過的地方也成爲霧台鄉中唯一面積最廣的平地。

神山部落廚藝學校

　　不少人出國時，會在當地體驗異國烘焙料理課程。其實台灣原鄉也有水準極高的部落廚藝學校可體驗異文化美食。近年來，位於高雄市與屏東縣交界處的茂林國家風景區管理處積極推展部落旅遊，經過數年輔導，「神山部落廚藝學校」不但勇奪廚藝大賽第一名，也是全台第一間部落廚藝教室。有別於一般烹飪體驗都在鋼筋水泥的室內教室，神山部落廚藝學校座落在農田中，遊客穿上魯凱族頭飾和部落手作圍裙，在具有解說員資格的女主人指導下，採集假酸漿葉、檸檬等原住民食材，並製作「祈納福」或「阿拜」等原住民點心，做好的料理還可以帶回家當作伴手禮。在綠意環繞的田園中，一邊看著美景，一邊享用午餐，十分愜意。餐點從桌上裝飾、擺盤到食物都經過精心設計，色香味俱全。飯後還可體驗原住民的射箭樂趣，負責指導的男主人因神似日本男星而有「神山渡邊

謙」之稱。從警察職務退休的他擁有一身好廚藝，精緻又美味的午餐就是出自他之手，他說最喜歡看到客人把菜吃光光。

到神山部落享受樂活午茶一日遊，新鮮又有趣。這個週末有空的話，不妨就起身出發去體驗一下魯凱族的飲食文化和悠閒慢活的樂趣吧！

📍 **神山部落廚藝學校**

🏔 屏東縣霧台鄉神山村神山巷 12 之 5

📞 08-7902620

f www.facebook.com/profile.php?id=100063821084879

採預約制，可上粉專預約

天主教霧台耶穌聖心堂

　　到歐洲旅遊，免不了參觀教堂的行程，但很少人知道，位於霧台神山的耶穌聖心堂，曾榮登「世界百大特殊教堂」之列，而且早在 20 年前就有法國電視台特地來台取景。已有將近 70 年歷史的神山耶穌聖心堂，最令 943 印象深刻的就是由杜勇雄神父與他父親杜靜男共同設計的人形椅，所有人臉全部面向右方的聖言台，有側耳傾聽的意思，十分壯觀。人形椅穿著部落傳統服飾，手工編織的白色背袋中放著聖經，極有創意。

　　值得注意的是，講台前和門口的聖母像頭上不但有百合花額飾，還穿著魯凱族的傳統聖袍；台前的耶穌也是穿著魯凱族服飾，

並頭戴魯凱族部落領袖才能配戴的雄鷹羽毛。大門用石板堆砌的方舟象徵齊聚一堂及航往天國之家,門口有個很大的虎頭蜂巢,象徵團結。教堂建築所使用的石板也都是由部落居民一塊一塊地搬運上山砌成的。

　　耶穌聖心堂很有獨特的在地文化與風情,據說已過世的單國璽主教生前也很喜歡來此。但由於屢遭遊客破壞,平時不開放自由參觀,需事先向聖心堂的導覽人員預約。

📍 **天主教霧台耶穌聖心堂**
🏔 屏東縣霧台鄉神山巷 61 之 3 號
📞 08-7902458
　平時不開放自由參觀 ,需事先預約且須辦理入山證

神山愛玉、佳人香草工坊

　　到神山部落總會看到大排長龍的人潮，不用問就知道，一定是在排隊買神山愛玉啦！和其他地方愛玉不同的是，結合部落主食小米，再搭配金桔檸檬，酸酸甜甜的滋味和小米濃郁的口感，吃起來特別好吃。登上「神山愛玉」二樓，美景配美食，更是令人心曠神怡。

　　神山愛玉老闆巴義成是退休警察，據說他年輕時曾經環遊二十多國；隔壁店是老闆弟弟經營的紅藜小米甜甜圈，加了紅藜的甜甜圈，外皮酥脆，因為內餡是小米，吃起來既 Q 又軟黏，口感層次多元，令人忍不住一口接一口；建議既然千里迢迢來到這裡，不妨品嚐一下吧！

　　神山愛玉斜對面有間店結合部落食材販售「小米燒」和小米牛角酥，小米燒吃起來酥脆，小米原味、紅麴、巧克力三種口味都不錯，美味又不上火。牛角酥也是現烤的，吃了口裡還有紅藜微微的芳香殘留。

　　出了神山愛玉附近的巷子，往上走一點，就是「佳人香草工坊」，店內最受歡迎的是石板烤肉和芳香濃郁的香草醬抹手工麵包。老闆會送上由馬鞭草等花草製作的神祕配方香草茶給客人，不少遊客也前來購買店家自種自製的香草抹醬和手作麵包回家。兩隻可愛又福態的店貓，更吸引了不少貓奴駐足拍照。

📍 **神山愛玉**
⛰ 屏東縣霧台鄉神山巷 16-1 號

📍 **佳人香草工坊**
⛰ 屏東縣霧台鄉神山巷 26-2 號

霧台岩板巷

　　霧台部落有一條美麗的小路，因鋪滿岩板，故稱為岩板巷。從岩板巷可眺望有著教堂尖頂的山景，還有部落圖騰。魯凱族女性配戴的大部分都是額飾，而男性的頭飾則常有不同的意涵，例如男子頭冠的插飾通常代表此人一生的功績；男子頭上戴著姑婆芋，代表有獵過敵人首級的戰功；頭上插著藍腹鷳的羽毛，代表部落中的飛毛腿，負責傳達部落間的訊息。戴著多朵百合花的就是打獵高手，例如神山部落中若曾獵過五頭公山豬者就可配戴一朵百合花。百合花是魯凱族的族花，在魯凱族部落裡經常看到。若是頭上插著芒草，代表曾經獵過黑熊，這些頭飾的象徵都很有意思呢！

岩板巷除了充分展示部落的文化象徵，還有許多原住民風味的特殊美食，例如馬告茶葉蛋。老闆一面賣愛玉，一面詳細解說愛玉的知識，包括如何分辨真假愛玉：真的愛玉會有一點一點的顆粒，看起來有點霧狀，假的愛玉就像果凍那樣透明。

在此一面啜飲霧台種植的原鄉咖啡，一面遠眺美麗山景令人心曠神怡，943覺得和許多國外景點比，一點都不遜色呀！

走到岩板巷轉角，有位在家門口賣各種魯凱族飾品的婦女是霧台部落獵王的妻子，她也是魯凱族頭飾的手工藝老師。她的家門口有一座扛山豬的塑像，正是已逝的獵王。獵王一生曾獵過三千多頭獵物，包括雲豹，可說是無人打破的王者紀錄，光看門口整排獸骨就知道非常英勇。

傳統部落都是各自分工，獵人負責外出打獵，帶回來的獵物就交給專人分給部落所有的住戶。用現代人的眼光來看，就是負責賺外匯的公司，非常受到族人尊敬。

沿途也可見到製作小米串吊飾的婆婆，小米串的功能有點像日本的義理巧克力，可以送給心儀的女生。不同的是，若是某位家長看中了哪個女孩子，希望她和自己兒子結婚，也會送給對方小米。當地還有一位擅長月桃編織的90歲老婆婆，以及「包清春民宿」家的女主人都是編織高手。令943驚豔的是，她的籃子乍看之下就像用電腦編的，十分好看。

最後還可走到岩板巷廚房品嚐芋頭餅，以及沾蜂蜜和花生的竹筒小米麻糬，就是完美的句點。

好茶聖母聖心天主堂

 禮納里部落

　　禮納里部落是莫拉克颱風釀成八八風災後，霧台鄉的好茶村、瑪家鄉的瑪家村與三地門鄉部落遷居新建的永久屋。由於族人很愛乾淨，進門一定要脫鞋，而有「脫鞋子部落」之稱，也有人稱為「台灣版普羅旺斯」。

　　禮納里部落很多族人都是天生的藝術家，像「lnl 原創空間」就被譽為世界上最美的鐵皮屋。而禮納里遊客中心前廣場的藝術創作，也曾奪得美國「2021 Muse Design Awards」國際性設計競賽景觀設計類銀牌，在全球 1170 件參賽作品中脫穎而出，非常不容易。創作者是在地排灣族藝術家伊誕‧巴瓦瓦隆，在禮納里社區戶外也會看到許

多他的作品，「圓‧原‧源」創作概念取自原住民生命起源的意涵，主要表達不同族人間的文化共通，異中求同。

還有在好茶聖母聖心天主堂門口迎接大家的畫像，是穿著魯凱族傳統服飾的外國神父，這間天主堂也是杜勇雄神父設計的 12 座極有風格的教堂之一呢！

來到禮納里部落可以到裝潢很有異國風情的「Kavararan 卡瓦拉嵐咖啡」，品嚐好吃的起司蛋糕和小火鍋，卡瓦拉嵐是餐廳主人家族的名字。常來這裡的朋友說幾乎每一樣義大利麵、燉飯等料理都很好吃，很適合在部落旅行時換換口味。

還有時間的話，不妨來「姥瑰工坊工作室」體驗原住民風格的皮雕 DIY，小配件體驗價 180 元起。其中部落的象徵——百合花和蝴蝶很受歡迎，也因為很有藝術特色和個人風格，負責人收到很多來自國外的訂單。

Kavararan 卡瓦拉嵐咖啡

姥瑰工坊工作室

台　東

» 東部海岸線
» 縱谷鹿野線

　　到台東度假，除了熱氣球，還有什麼好玩的呢？其實台東有非常多新亮點和隱藏版玩法。例如東部海岸線的成功漁港就有可以一面眺望漁港景致、一面做足底反射療法的特色餐廳，還有能在老宅中品嚐結合中醫養生理論的創意飲品。鹿野近年新興的紅烏龍也讓人驚豔，各農家透過農會舉辦的遊程競賽，絞盡腦汁設計出不少吸引遊客前往的農遊體驗，新鮮又有趣。

　　台灣好行東部海岸線的套票有半日券、一日券、二日券可選擇，使用期間無限次數上下車，時間安排更為彈性。

東海岸深度體驗

東部海岸線　乘車路線　8101A　一日行程

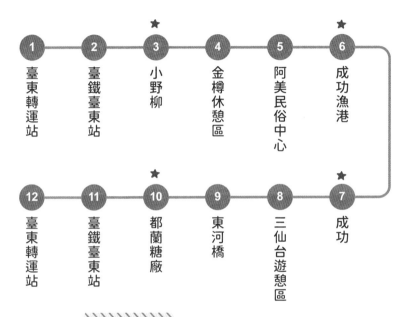

①	②	★③	④	⑤	★⑥
臺東轉運站	臺鐵臺東站	小野柳	金樽休憩區	阿美民俗中心	成功漁港

⑫	⑪	★⑩	⑨	⑧	★⑦
臺東轉運站	臺鐵臺東站	都蘭糖廠	東河橋	三仙台遊憩區	成功

 ## 足跡再現餐廳

位於成功漁港，由吳若石神父培訓的 FJM 一級按摩師傅開設的足療餐廳「足跡再現」，用餐區及按摩區都有無敵漁港美景可以欣賞。儘管一開幕就遇上疫情，但幾年來在遊客口耳相傳下，平日也座無虛席，可見結合漁港美景和足療，相當具有吸引力。

📍 **足跡再現**（足療海景咖啡）

🏔 台東縣成功鎮中山東路 46 號

📞 08-9855098

🕘 09:00-17:00，週四休息
建議無論是餐點或足療，最好提前一天以電話預約

 眺港 café

疫情期間，在成功漁港旁、足跡再現餐廳正對面，悄悄開了一間相當有味道的咖啡店。這間建築前身，是具有 50 年歷史的高安醫院。經營高安醫院的高端立醫師，出自台灣知名長老教會的高家家族，也是台灣音樂大師蕭泰然的岳父。他因妻子做生意遭朋友詐騙只得遠赴美國，因此成了「台灣的拉赫曼尼諾夫」。據說高安醫院前的葡萄藤架也是夫妻倆定情之地，也吸引樂迷們前往朝聖。

從小就在這裡長大的咖啡店女主人因疫情回台，推出自學甜點，蛋糕、布丁、鬼頭刀鹹派的評價都不錯。還有她的中醫師夫婿調製的枸杞咖啡和各式養生漢方茶，加上古色古香又雅緻的陳設，潛力不輸給台中的宮原眼科。

📍 **眺港 café**

🏔 台東縣成功鎮中山東路 57 號

🕐 12:00-20:00，週四公休

✉ sygs19320601@gmail.com

f www.facebook.com/sinkangbuilding/

菅宮勝太郎故宅

　　來到成功鎮絕對不可錯過的，還有位在眺港 café 及新港教會隔壁，也是東部唯一兩層樓的日式古蹟「成功老屋」。老屋的主人是1922 年奉派到麻荖漏（成功鎮舊名）擔任支廳長的菅宮勝太郎，他將此地建設為東海岸最大漁港，也引進了日本鏢旗魚技術，改善漁民生活。由於深愛台灣，拒絕被調回日本的他，不惜辭官也要留在台東，此後每天都會坐在老屋二樓陽台眺望美麗的藍色大海。

　　戰後老屋成為隔壁高安醫院的一部分，幾年前，943 首次造訪時，老屋還是醫院時期的天藍色。2022 年菅宮故居因颱風損毀，整修完畢後，現已恢復成 90 年前深色木造日式建築的模樣，外觀俐落簡潔，散發出濃濃日式風情。

　　在菅宮勝太郎宅還可預約體驗台東香草農場「小村遠遠」舉

辦的調香體驗。參加者先試聞前調香如檸檬、牛樟，底調香如台灣紅檜、岩蘭草等，中調香如左手香、玫瑰天竺葵等精油，前後中調精油以 3:1:2 的比例，挑出自己喜歡的香味，加上荷荷巴油混甜杏仁油調製成個人專屬的按摩油。

📍 菅宮勝太郎故宅

🗺 台東縣成功鎮中山東路 59 號

🕙 10:00-17:00，週三公休

🔖 需向眺港 café 預約，免費參觀。

成功鎮農會木虌果餅乾 DIY

　　近年有道被稱為「天堂果實」的食材非常火紅，那就是木虌果，因為種子外型狀似一隻鱉，而有了這個名稱，同時也是雌雄同株的特殊作物。它擁有番茄 70 倍的茄紅素，食用價值相當高，原本是原住民阿美族的日常食材，現由成功鎮農會大力推廣，做成果凍、果汁等產品，是營養豐富的在地風味零食。

　　來到成功鎮農會，可體驗很受歡迎的木虌果 DIY「天堂果實家家酒」，作法是將奶油、木虌果的假種皮和棉花糖一起拌炒到溶解，利用棉花糖的黏性做成餅乾的夾心內餡。做的時候很有趣，因為是自己做自己吃，做得越多，吃的也越多。所以大家都會快手快腳地戴上手套，用冰棒棍塗抹夾心，專心低頭狂做的模樣，感覺也很像包水餃，是非常新鮮有趣的體驗。

📍 **台東縣成功鎮農會**
⛰ 台東縣成功鎮中華路 139 號
📞 08-9851017　體驗 DIY 需事先預約

 ## 都蘭蘭調織女移印染 DIY

　　若喜歡手作編織，943 推薦台東都蘭糖廠前的蘭調織女手作空間，在此可體驗目前還不多見的「移印染」。由應邀參與 2022 東海岸大地藝術祭的原住民纖維藝術家哈拿・葛琉，帶領一群織女姊姊們，傳承了阿美族傳統編織技能，並努力增加在地就業機會。

　　「移印染」使用周遭自然生長的蕁麻、苧麻、黃金（原住民植物，接近芳香萬壽菊）、苦楝和台灣欒樹的樹葉作為創作素材，例如以欒樹葉染出咖啡色，以黃金等植物染出淡綠色，鋪在泡了媒染劑以防快速褪色的羊毛織物上，拼出喜愛的花樣，再用塑膠布像捲壽司般壓捲成條狀下鍋蒸煮 1 小時，就是美麗的移印染圍巾成品。

　　此外，也可在此體驗以苧麻編織裝飾石頭的創作，或利用海洋廢棄物與撿拾物創作的精美裝飾品。注意的是，蘭調織女沒有地址，位置也不是很明顯，搭台灣好行東部海岸線在都蘭糖廠往南候車亭下車，斜對面位於都蘭新東糖廠前的空地，即是蘭調織女們的鐵皮小屋。

📍 **都蘭蘭調織女**

⛰ 台東縣東河鄉都蘭村都蘭糖廠旁

🕘 9:00-17:00

f www.facebook.com/atolan.weavers.studio
DIY 需事先預約

祥銓農創倒流香體驗

位於台東東河的祥銓農創，販售的農產品不是常見的水果等農作物，而是檜木和沉香，相當引人好奇。

年輕的第二代女企業家陳季微，放棄了在香港金融業工作的高薪職位，回到台東鄉下，將父親最早用一卡車一卡車賣的原木批發，經由創新研發，升級為以公克計價的自有精油品牌。

經過長久努力，原本她的父親不贊成女兒創業，最後也十分認可她的成績。來到有故事的鄉間廠房，除了參觀沉香木森林外，還可進行之前很少見的「倒流香塔體驗」。倒流香就是將底部有孔隙的香塔點燃，此時重量比空氣還重的煙會往下沉，經過特殊香爐的模型，感覺就像行雲流水般流瀉。第一次看到倒流香神似白色飛瀑的照片，943忍不住喊「好神奇！」其實作法相當簡單，只要將塑膠片剪成小塊，捲成圓錐形狀，作為香塔的模型，再將大包紅檜木、牛樟、肖楠的混合粉與小包的楠樹黏粉，慢慢加入不易滋生細菌的蒸餾水攪拌（我們 DIY 時是用牛樟木純露，好奢華！），變成濃稠的團狀。然後將香粉團塞入圓錐狀的香塔模型中，底部用牙籤戳一個洞，就大功告成了。

倒流香的製作訣竅是戳洞盡量深一點，靠近香塔的尖端，這樣一來，點燃香塔沒多久，煙就能透過小洞從底部倒流出來。

不過要注意的是，由於剛做好的香粉團仍有水分，回家最好打開它，讓水散發出去，三天後日晒數小時，讓水分消散，香塔才容易點著。放在室內，不僅沉澱心靈，也增加生活空間的高雅氣氛。

除了讓五感打開的高級原木香塔，還有另一個不錯的體驗，那就是精油猜謎遊戲。體驗過程是將紅檜、牛樟、香樟、台灣杉、尤加利和茶樹等木質精油，請大家試聞一輪，等猜謎遊戲結束後，

選擇自己喜愛的一兩款精油，滴下約 25 滴到乾淨的玻璃皿中，加入混合大豆蠟和甜杏仁油的油脂，再倒入選好的小盒子中，就成了刮痧用的香膏了。

體驗課程最後，是以電燒筆在自己的肖楠木刮痧板上，簡單烙繪喜愛的圖案或文字。這兩個充滿香味的體驗花費不多，卻令人滿載而歸。從東河橋站轉乘當地客運至東和工廠站即可。

📍 **祥銓農創**

🏠 台東縣東河鄉興昌村 2 鄰 11-8 號

📞 0981-079975

🕐 9:00-17:00，週六日休

台東縣農會提供

加路蘭海岸

　　台灣好行東海岸線還會經過台東打卡聖地加路蘭，這是一處兼具觀賞海景與裝置藝術的海岸，還有一座被譽為「最美公車站」的候車亭。

　　加路蘭取自於阿美族語的「洗頭髮之地」，由於鄰近溪水富含黏性礦物質，族人在此洗頭後秀髮光彩潤澤，故而得名。原本這裡是興建空軍志航基地的廢土棄置場，現在則是結合天然美景與人文藝術造景的景點。

富岡地質公園

距離台東市區不遠處，有個熱門打卡景點富岡地質公園，由於海岸的奇岩怪石狀似野柳，故有「小野柳」之稱。踩著被侵蝕到形狀像豆腐的長長岩石，一路走到海岸，周邊有各種不同的地質風貌，如蜂窩岩、單斜脊、豆腐岩等地形，有的長得像海豹，有的像巧克力。

公園中有遊客中心及販賣商店，夜間常有「夜訪小野柳」的潮間帶活動，據說有不少人來此露營。

富岡地質公園

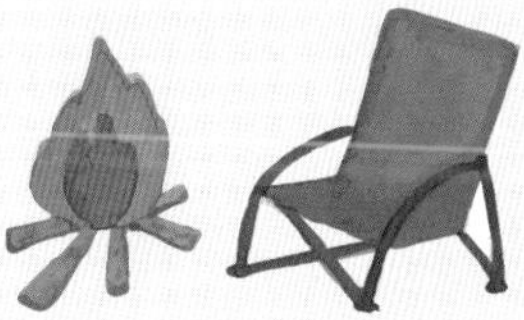

台東縣台東市松江路一段 500 號

089-281530

8:30-17:30

大型車假日 200 元、平日 170 元；小型車：假日 60 元、平日 50 元；機車：假日 20 元、平日 15 元。

　　鹿野是花東最大的茶產地，早期因海拔低，茶葉多半未上市就直接批給茶商，而缺乏品牌與知名度。近年來，茶業改良場台東分場研發出有別傳統的製茶方法——利用當地氣溫高容易被小綠葉蟬「著蜒」，以及低海拔茶葉更適合發酵的特性，多加一道揉捻程序，做成具有台灣本土特色的紅烏龍，既有蜜香的甘甜，又有紅茶的色澤香氣，以及烏龍茶入喉的餘韻，令人著迷，也逐漸在市場上打出名氣。

　　943 第一次喝紅烏龍就驚為天「茶」，同樣被小綠葉蟬咬過，紅烏龍不用加糖就很甘甜，更勝蜜香。紅烏龍和紅茶有什麼差別呢？原來紅烏龍是 80% 發酵，重發酵重烘焙，茶葉先揉後炒，茶葉呈球形。紅茶則是 95% 發酵，重發酵輕烘焙，茶葉先揉不炒，看起來捲捲碎碎的。茶湯顏色近似，但喝起來卻很不同。

　　鹿野的農產相當豐富，從紅烏龍到各種水果都有，適合體驗各種農遊 DIY，景點包含可免費參觀的鹿野神社、土地公神像鬍鬚會變長的崑慈堂及「慈濟樹」，都在鹿野神社旁，遊賞十分方便。

熱氣球親子農遊趣

縱谷鹿野線 乘車路線

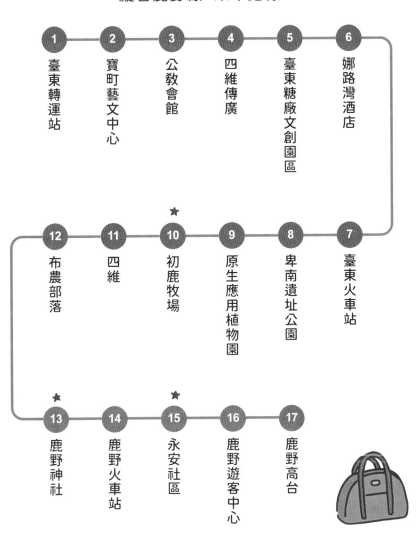

| 1 臺東轉運站 | 2 寶町藝文中心 | 3 公教會館 | 4 四維傳廣 | 5 臺東糖廠文創園區 | 6 娜路灣酒店 |

| 12 布農部落 | 11 四維 | ★ 10 初鹿牧場 | 9 原生應用植物園 | 8 卑南遺址公園 | 7 臺東火車站 |

| ★ 13 鹿野神社 | 14 鹿野火車站 | ★ 15 永安社區 | 16 鹿野遊客中心 | 17 鹿野高台 |

碧蘿園茗茶坊

　　長達 7.2 公里的龍田綠色隧道，是來到鹿野不可錯過的景點。沿途種滿茶樹，十分賞心悅目。如果喜歡紅烏龍的人，建議可以來此報名紅烏龍炒花生＋紅烏龍奶茶體驗行程。位於龍田綠色隧道旁的「碧蘿園茗茶坊」，曾包辦了 18 個金牌獎，也是該地區品種最多的茶園，包括大葉烏龍、金萱、迎香、青心、沁玉等，就提供了這項服務。

　　煮紅烏龍奶茶非常簡單，先燒開 600 cc 的水，放入 4 包紅烏龍茶包，再加入台東的初鹿鮮奶，就是喝起來具有天然甜味的紅烏龍奶茶了。

　　紅烏龍茶由於比一般茶葉發酵時間久，味道相當醇厚，結合這兩種台東特產，更是美味。至於製作紅烏龍炒花生，也不需要高深的廚藝，只要先將紅烏龍茶葉和鹽巴放入鍋中炒熱，加入花生，繼續拌炒約 10 分鐘；趁花生仍有嗶嗶剝剝的聲音時，撈出來以電風扇吹涼，再放入容器中。茶香濃郁，忍不住一口接一口。

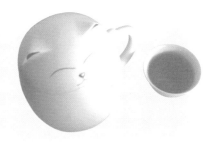

📍 **碧蘿園茗茶坊**

⛰ 台東縣鹿野鄉北三路 358 號

📞 08-9550339

🕗 8:00- 22:00

新元昌紅茶產業文化館

　　身為台東第一家製茶廠，新元昌第一代創辦人溫增坤將阿薩姆紅茶引進台東，被譽為台東茶葉之父。第三代茶廠主人也很努力傳承茶葉文化，將它發展為可供民眾參觀的茶文化博物館。

　　新元昌種植的茶是用有機米糠肥，遊客在此除了參觀有機茶園、品嚐紅烏龍的花果香及韻味之外，還能體驗數種 DIY，包括擂茶；以及學習品茶之道，將自家放久的茶葉恢復香氣的茶葉回春重製法，十分好玩。943 建議喜歡喝茶的人，可在新元昌紅茶產業文化館感受一下茶葉重製過程，一探紅烏龍的魅力所在。

📍 新元昌紅茶產業文化館
⛰ 台東縣鹿野鄉永安路 451 號
📞 08-9551016　　🕗 8:00-19:00

 鹿野刺蔥鹽體驗

　　台東擁有全國最大面積的有機農地，到了台東，當然要體驗一下用原住民傳統香料刺蔥和紅烏龍製作的天然調味鹽 DIY。

　　刺蔥又名「食茱萸」，俗名「鳥不踏」，因具有強烈的香氣，常被原住民加入高湯調味去腥。鹿野麗園農場設計的刺蔥鹽體驗DIY 曾得過農遊競賽前三名。製作步驟不難，先將刺蔥葉葉脈上的尖刺剝除備用，精鹽以紅烏龍茶湯炒過吸收香氣，再加入刺蔥種子一起拌炒到種子與鹽巴分開，也就是水分完全去除的程度，接著放入刺蔥葉炒到葉子可被壓碎的乾燥狀態即可。過程中，刺蔥的香氣四溢，現場每個人都直呼「太香了」！歷時一個半小時的體驗只要250 元，炒好的紅烏龍刺蔥鹽，用平時一半的用量即可沾牛排或荷包蛋品嚐，口齒留香。拿來泡海鹽咖啡，也別有一番滋味，是非常有在地特色的旅遊紀念品。體驗可在鹿野地區農會農特產品行銷中心或麗園農場進行，也可直接向鹿野地區農會報名。

📍 **鹿野地區農會農特產品行銷中心**

🏠 台東縣鹿野鄉瑞隆村瑞景路一段 19 號

📞 089-581116　　🕐 週一～週五 8:00-16:30

 鹿野神社

　　許久以前 943 有次搭火車聽台鐵報站廣播，發現鹿野站的原住民語「shikano」和日語「鹿野」的發音一樣，可見歷史痕跡仍保存在語言中。鹿野神社在日治時代就是村民的信仰中心，2015年修復，是全台第一座與日本工匠技術合作，並以日本檜木興建的神社。黑色的鳥居造型也相當獨特，值得一遊。

　　神社隔壁的崑慈堂主祀瑤池金母，最有名的就是殿內的福德正神鬍鬚，每年不斷生長；數年前照片中還是短鬍鬚，現在已長到拖地的程度。據廟公說，廟中文昌帝君和玄天上帝三帝的神像鬍鬚也會變長，原因不明，令遊客嘖嘖稱奇。

　　參拜時可向土地公以大錢換小錢錢母，或求取發財金。一旁的龍田文物館，簡單陳列了從清代、日本移民村時期（鹿野曾為日本新潟移民村）至今的生活與宗教文物，其中最罕見的就是昭和天皇登基前來台灣時興建的「皇太子殿下本島行啟紀念學校園」紀念碑。

　　文物館入口處有一棵百年苦楝樹，因證嚴法師在鹿野修行時曾經常在樹下與村民談論佛法，而被稱為慈濟樹。不遠處，還有曾為鹿野庄役場（鄉公所）庄長官舍的龍田國小校長宿舍，日式老屋前的大樹還有一棵台東縣列管珍貴樹木的荔枝樹，已有百年歲齡，十分珍貴。

鹿嘉農莊

　　位在鹿野鄉台9線旁的鹿嘉農莊，去年以「好醋多體驗」行程得到台東縣創新綠色永續農業體驗開發競賽第一名，943也報名了「好醋多」體驗課程。前半段是分組比賽盲測各種醋，若能答對所有釀造醋的口味，就能獲得獎品水果醋一瓶。

　　品嚐後的結果是大家一致公認市售米醋口感最嗆，但農莊內的陳釀梅醋、桑葚醋、鳳梨醋、枇杷醋，甚至咖啡醋，各有餘韻。果然陳釀的味道和市售工廠產線做出來的就是不一樣啊！

　　果醋體驗後半部，就是女孩們最期待的面膜DIY。製作方式超乎想像的簡單，只要將高嶺土和火山泥攪拌在一起，加入甘油、鳳梨醋、蒸餾水各一杯後，像泡牛奶一樣攪拌均勻，果醋面膜就完成了。大夥莫不使出吃奶的力氣，努力用小湯匙將泥巴磨了又磨，總算磨出了看起來像店裡販賣的泥面膜。

　　有位朋友先敷了一小部分在手臂，請我們猜猜哪隻手背敷過？最後大家都猜對了，因為看上去就是不一樣呀！平時若要買到這樣一大罐面膜，至少也要500元以上，但農遊體驗一人只要280元，自己親手做，沒有化學添加物，又加了天然釀造的水果醋，划算又好玩。

📍 **鹿嘉農莊**
⛰ 台東縣鹿野鄉永安村中華路三段628號
📞 089-552327
🕘 9:00-19:00

📷 梨迦初走

　　說到台東的天然環境，很多人會聯想到初鹿鮮奶。來到「梨迦初走」，除了品嚐觀光客趨之若鶩的人氣霜淇淋，也可參加微醺水果酒體驗和麻糬 DIY。梨迦初走是由曾經離開台東到大都市打拚後返鄉創業的東部遊子，利用台東盛產的釋迦、鮮奶、洛神、蜜香紅茶等農產品，製作出各種甜品和伴手禮的店。其中釋迦是使用在地小農以發酵牛奶堆肥、搭配岩壁土質栽種的「牛奶釋迦」，以及改良版帶有甘蔗清甜的鳳梨釋迦「綠鑽石」，取下的釋迦果肉加入初鹿鮮奶做成霜淇淋，原汁原味，完全不加水，也不加化學香精或香料，可以吃到釋迦果粒和濃醇鮮乳味。

　　從台東市搭乘台灣好行縱谷鹿野線或鼎東客運的山線，前往關山或池上、富里等地方向，在初鹿明峰站下車，走路約 1 分鐘至初鹿郵局，就可以看到位在初鹿郵局旁的「梨迦初走」茶屋。

　　用自然發酵水果製酒是相當有趣的體驗，因為材料不像梅子那樣單一，要嘗試搭配屬性相合的水果，例如鳳梨和檸檬就是酸甜互補的搭配。如何挑選水果，學問可不小呢！

以鳳梨而言，首先要看鳳梨的底部，如果有凸出就是品質不錯；若底部潮濕甚至凹陷，就是鳳梨內部已經變質損壞。另外，鳳梨也可以由頂端的葉子判斷甜度，例如葉子長的多半味道比較不甜，如果鳳梨葉只有一般手指長度，甜的機率比較高；鳳梨眼若比較小的，切開來也會比較多肉。

修完「鳳梨選購學分」後，即可進入水果酒的實作課程。將鳳梨去頭去皮後先切成四分之一，再切成扇形小塊以方便發酵入味，將檸檬連皮切片，用夾子將鳳梨和檸檬切片小心地塞入容器底部，鳳梨和檸檬的分量各約 200 g，接著加入水果酵母 150 g、冰糖 150 g，再倒入小米酒 200 g 到將近八、九成滿，只要等候 15 天，就能喝到可口的水果酒了。結合初鹿鮮奶的客家擂茶麻糬 DIY，也很好玩。在雪平鍋中加入了 300cc 的鮮奶，再加入 40 g 糖和 80 g 糯米粉攪拌均勻，以小火邊煮邊攪拌約 10 分鐘至團狀，避免黏鍋。接著做麻糬必備的兩位壯丁上場了，他們用木鏟攪拌模擬原住民搗麻糬，大家都玩到開懷大笑。

煮好的團狀物倒出鍋子，沾上玉米粉搓揉，口感更 Q。接著再將麻糬切成小塊包入紅豆餡料，此時其他成員把茶葉、芝麻等原料研磨成客家擂茶粉。包好餡的麻糬灑上擂茶粉，就成了美感和口感兼優的客家擂茶麻糬。

943 推薦喜愛水果的朋友，不妨到產地農遊，有玩有吃還能把成品帶回家，身心都得到滿足。

📍 梨迦初走

🏠 台東縣卑南鄉文泰路 18 號

📞 08-9570577　　🕐 9:00-18:00、週一、週二公休

金 門

» A 線水頭翟山線
» B 線古寧頭戰場線
» C 線獅山民俗村線

金門縣政府提供

　　許多人對金門的印象是常作為宣傳重點的戰地風情，但金門的旅遊內涵其實非常豐富，其獨特歷史文化也一直是吸引旅人不斷造訪的理由，例如充滿西洋風格的洋樓、早年移居星馬的「出洋客」歷史，以及在地特色小吃，如金門石蚵、炒沙蟲、酒糟牛肉等。

　　台灣好行的金門各路線都為遊輪式，車上及景點均有專業導覽解說，可幫助了解金門過去的歷史、生活方式及在地美食。各路線也都有套票，包括半日券（一條路線）、一日券（任選兩條路線）、二日券（48 小時內不限次數搭乘 ABCD 各路線），甚至大小金門聯票（包含船票）可供選擇。

金門縣政府提供

探尋金門僑鄉歷史

A 線水頭翟山線　乘車路線 81

★
A1 金城車站

A2 金城衛生所

A3 西門里公所

A4 體育館

A5 莒光樓

A6 空中大學

★
A12 金城車站

A11 珠山

A10 翟山坑道

A9 文台寶塔

A8 明遺古街

★
A7 水頭聚落

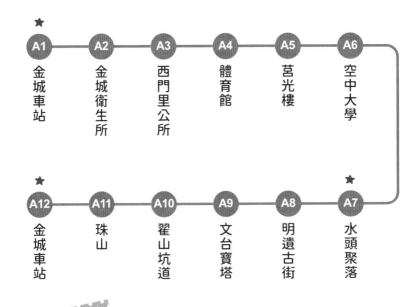

 水頭聚落

　　若喜歡欣賞建築之美，到金門遊賞洋樓是不錯的偽出國體驗。金門有句俗話說「有水頭富，無水頭厝」，意思是儘管能像水頭村一樣賺大錢，卻不一定能蓋出如此美麗的樓房，由此可見，水頭聚落在金門的重要。

　　清末民初金門有不少「出洋客」前往星馬、菲律賓等地討生活，若衣錦還鄉就在當地興建洋樓，水頭聚落的洋樓是全金門最美也最多的。其中最具盛名的是得月樓，興建於 1931 年，已有將近百年歷史，是水頭聚落出身的黃輝煌，赴印尼經商致富後回鄉興建

的。由於是當時水頭聚落最高、最接近天際的建築，便以「近水樓台先得月」命名。但高樓其實是眺望警戒用的銃樓，與主人住家中間另有一道內牆隔開，若是盜匪上門，躲藏在高樓中的家丁可從三、四樓開槍，也可佯裝撤退，而將他們阻絕在門內後上鎖，來個甕中捉鱉，將入侵盜匪一舉成擒。主樓地下也有通道，方便家丁後援及協助主人逃生，這個巧妙的禦敵設計讓得月樓獲選爲金門縣定古蹟及「台灣歷史建築百景」之一，也是 943 多次遊覽金門後相當推薦的景點。

僑鄉文化展示館

　　極富西洋風格的「金水國小」並非一般人熟悉的小學，而是有著紅磚圓柱和巴洛克式天使浮雕山牆的西式建築，門柱窗牆，都值得細細品味。此地原本是 1930 年代出國工作的金門僑民捐款興建的學校，現在則宛如一間小小博物館。

　　1860 年清廷簽訂《天津條約》和《北京條約》，給予各國權利在華招工出洋，金門男丁開始大量離鄉背井「落番」海外，女眷靠僑匯通信苦等丈夫。若聽館內導覽介紹，可得知不少「出洋客」的奮鬥故事。其中一位婦女阿秀的丈夫到南洋工作，努力存了 100 元託人帶回金門給妻子，但那人私吞了 50 元。阿秀打開丈夫的信後表示應該要收到 100 元。原來阿秀雖然不識字，但家書上畫了 4 隻狗和 8 隻鱉，意思就是 $4 \times 9 + 8 \times 8 = 100$ 元，後來經過村長主持公道，才討回了那 50 元。由此不難一窺當時人們的辛酸血淚史。

📍 僑鄉文化展示館

🏠 金門縣金城鎮前水頭 39 號

📞 082-313281　　🕐 8:30-17:00

存德中藥房

　　首次來到金門古蹟最密集的金城鎮的觀光客，常常會去具有 300 年歷史的現存唯一總兵署、有著 32 間紅磚連棟式洋樓的模範街，或是參觀邱良功母節孝牌坊。喜愛文化歷史的朋友，也別錯過位於節孝牌坊和 16 藝文特區中途的存德中藥房。

　　存德中藥房是從 1832 年（道光 13 年）開業至今、傳到第五代的老字號中藥舖，有人說金門的廣東粥若少了存德賣的胡椒粉，就少了一味。已有將近 200 年歷史的存德中藥房，在二戰前因中藥批貨海運之便，甚至還身兼金門僑民從東南亞匯錢回家鄉的民間匯兌機構。在「金水國小」的僑鄉文化展示空間中，甚至還有存德藥房的模型呢！在那個通訊不便利的年代，可信賴的行號成了同鄉託付匯款與信件的重要管道。附近居民說，小時候生病都會來這裡抓藥，若家境不好的人賒帳，店家也不會催討。

　　存德中藥房就像活生生的歷史代言人，不僅鎮店的檜木藥櫃和傳家寶搗藥銅缽都有 100 多年歷史，店門至今還用多片嵌入式傳統木門板，晚上打烊時可觀看非常稀有的「關門秀」。到了此地，除了購買店內現磨香味四溢的馬來西亞胡椒粉、十三香等調味粉以外，常用的四物等藥材一包才 50 元，比台灣本島便宜很多，不少遊客都大包小包買回去，成了另類的金門名產。

存德中藥房

金門縣金城鎮莒光路 38 號

082-325588　　9:00-21:00

體驗戰地風情

B 線古寧頭戰場線　乘車路線　82

★
B1 金城車站（金城車站金城民防坑道入口）
B2 體育館
B3 西門里公所
B4 金城民防坑道出口
B5 金城衛生所
B6 救國團
B7 光前廟

B13 金城車站
B12 慈湖三角堡、觀景台
B11 雙鯉濕地自然中心
B10 ★古寧頭戰史館
B9 北山洋樓
B8 和平紀念園區

 建功嶼

近年爆紅的建功嶼被譽為「金門版摩西分海」，距離金城和水頭碼頭都很近，只要去小金門都會經過。去建功嶼需要留意退潮時間，退潮時可一路走石板道，通過高大的「牡蠣人」裝置藝術後，步行約 15 分鐘來到小島。島上有望向廈門鼓浪嶼的鄭成功雕像。非常吸睛的「牡蠣人」，高達 6 公尺，是 2013 年金門創作藝術節時，由芬蘭藝術家馬可‧卡薩格蘭完成的大型裝置藝術。漲潮時海水會淹到牡蠣人腳邊，退潮時才會顯現類似踩高蹺的狹長視覺效果。退潮又值傍晚時段是最適合的造訪時間，由於小路有許多泥沙淤積，回程時可以在入口處的水龍頭，把鞋子或雙腳洗乾淨再上車。但要注意漲潮時間，切勿硬闖，以免被困在海上。

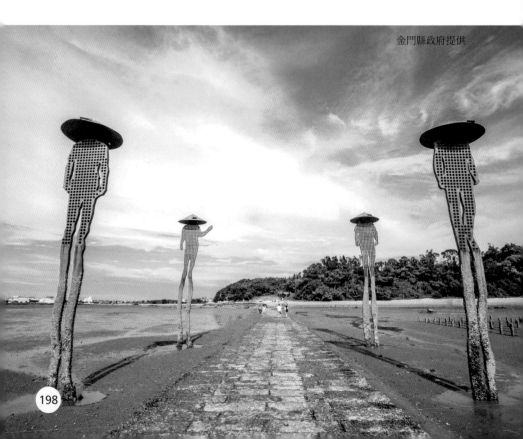

金門縣政府提供

 古寧頭

金門除了具有戰地風情，每年春季更有整片北國才見得到的金黃色小麥田。搭乘古寧頭電瓶車除了飽覽麥田風景，還能聽到北山播音牆播放當年鄧麗君心戰喊話的錄音。慈湖三角堡曾是有護城河的碉堡，現在因為可觀察到有「夏日精靈」之稱的夏候鳥栗喉蜂虎，母鳥交配後就會住進人類挖掘好的土牆洞穴「套房」產卵，而吸引不少賞鳥族在這裡喝咖啡，一邊觀察生態。943 建議黃昏時分來此，在海灘上可拍攝「軌條砦」落日剪影，非常美麗。

金門縣政府提供

走訪金門在地美食

C 線獅山民俗村線　乘車路線 83

週一行駛

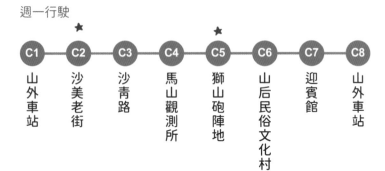

C1	C2 ★	C3	C4	C5 ★	C6	C7	C8
山外車站	沙美老街	沙青路	馬山觀測所	獅山砲陣地	山后民俗文化村	迎賓館	山外車站

週二~日行駛

C1	C2	C3 ★	C4	C5	C6
山外車站	山后民俗文化村	獅山砲陣地	馬山觀測所	文化園區	山外車站

獅山砲陣地

　　覺得到金門遊覽軍事設施，全憑想像，少了一點臨場感嗎？那就到獅山砲陣地看砲操表演吧！

　　在這個現存唯一的坑道式榴彈砲陣地隧道中，除了砲彈室、庫房、砲堡外，還有定時操演的砲操。遊客可以觀看在「八二三」砲戰後期，扭轉戰局的美軍八吋榴砲、兵士答數操練的砲操和發射飛彈的完整流程，還有在山洞裡震耳欲聾的砲聲。演出者是招募而來的民間人士，不少是新住民女性，遊客不少，943 建議提早入場卡位，找到最佳拍攝位置，免費參觀。

📍 獅山砲陣地

⛰ 金門縣金沙鎮　📞 082-355697

🕗 8:00 – 17:30（週四無表演）

金門縣政府提供

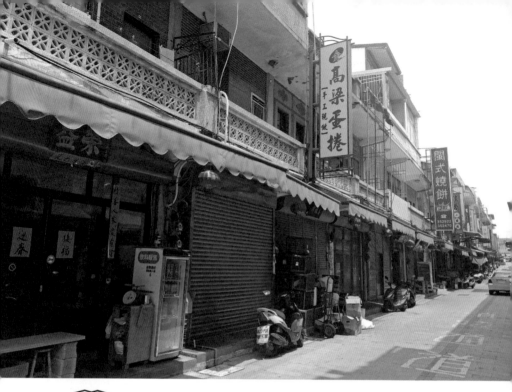

 沙美老街

很多人遊覽金門都難忘金城的歷史建築，其實也可到與金城方向相反的沙美，體驗一下小鎮風情。

沙美老街的美食向來是許多在金門服役過的阿兵哥們念念不忘的，像是連當地人也愛光顧的「遠來興小吃店」，它的炒飯炒麵火候控制得很好，炒泡麵更是一絕。還有沙美老街上總是排著長長人龍的閩式燒餅，吃起來有麥芽味，猶如太陽餅般香甜。

至於位在路口的長興餅店，其依循古法製作的牛軋餅，也是特色，味道像馬拉糕，外型像愛心，由於像是耕田器具牛軋，所以有了「軋車餅」的名稱。長興餅店拿手的還有麻荖、寸棗糖等，喜愛古早味點心的人，可別錯過。

　　另外，金門的麵線也和台灣本島稍有不同，沒有加鹽，口味比較淡，不添加防腐劑，沿襲傳統的手工風乾和日晒保存法，使得金門麵線吃起來有股陽光的味道。經常在門口晒麵線的復興麵店，值得一嚐。

沙美摩洛哥

　　沙美老街附近還有個偽出國的拍照熱點——沙美摩洛哥，此處原是信義路周邊許多因人口外移無人居住的頹圮老屋群，據說整建時包商採用了紅磚色油漆，一度被抱怨不夠美觀。沒想到，土褐色的廢墟風，搭配自明代遺留下來的石板路，反而成了異國風情代言人。街道周邊也應運而生咖啡店及古裝體驗服務，包含妝髮，旗袍體驗約 450 元、漢服 700 元，可穿著到景點拍照，留下個人專屬的金門記憶。

陽翟老街

　　沙美鎮有條曾作爲電影《軍中樂園》拍攝場景的陽翟老街，因影片拍攝需求，而復刻了 1950 年代繁華一時的老街場景，像是澡堂浴室、撞球室、理髮廳等，還有金東電影院。現在成爲「文創一條街」，進駐了不少特色小店，也成爲旅客拍照打卡的熱門景點之一。

馬　祖

近年來因「藍眼淚」爆紅的馬祖，吸引不少遊客前往。但馬祖地形起伏不平，山路崎嶇且常有上下陡坡，又幾乎沒有紅綠燈，遊客自行租車很容易發生危險，再加上當地醫療資源十分有限，常需以直升機送回台灣就醫，所以搭乘「台灣好行」巴士，一次網羅各景點，是最安全且省錢的選擇。

馬祖的台灣好行巴士和其他縣市客運不一樣，採「遊輪式」公車行進，遊客在景點下車後，可定時回到原車，繼續前往下一景點，點名後開車。因此每站停點時，都可將行囊放在車上，不用全部背上提下。

迷彩塗裝的公車共有 21 個座位，還有在地導覽解說，只要跟著導覽員走，就不易錯過發車時間，沿途還可得到旅遊指引，非常貼心，可說是懶人遊島專車。尤其馬祖的台灣好行只要預約滿四人就發車，淡季時揪親友四人，若無其他遊客，即可當成自家包車，相當划算。而馬祖遊客爆增、遊覽車又不夠，旺季時每輛遊覽車最多需載五團，也就是遊客就算跟團搭遊覽車，也不能在逛景點時將個人物品留在車上，因為遊覽車一讓乘客在景點下車，可能就得奔往另一景點載客，搭乘台灣好行反而宛如包車一般便利，同樣有跟車導遊和導覽，費用卻比跟團便宜許多，相當划算。若只報名上午或下午車次，每人 300 元，每增訂一條路線，減免 100 元。

此外還有各種優惠，例如報名台灣好行一日遊，七日內即可持乘車券至馬祖各島免費搭乘公車。建議搭乘馬祖的台灣好行最好事先預約，因為若當天有預約的乘客不滿四人，就不會發車唷！

943 建議行程

　　由於馬祖沒有夜行航班，最晚離開馬祖的航班是下午 5:30，若不想走回頭路，943 參考實際行程建議最省時又順路的行程排法，是搭清晨第一班的班機飛北竿，在北竿機場旁的塘岐車站趕上台灣好行上午場的「戰爭和平公園線」，結束行程後約中午時分，搭船到南竿，航程約 15 分鐘，北竿到南竿又是順浪，較不易暈船。

　　第二天再搭乘南竿台灣好行的上午東線和下午西線，這樣一來，南北竿的熱門景點，即可輕鬆地一網打盡。

　　由於往北竿的航班較少，以松山機場為例，上午和下午只有各一班，南竿的景點和便利度比北竿好一些，建議採用倒吃甘蔗的走法，會玩得比較盡興。也可搭飛機或夏季 4～9 月搭船從南竿出入，從台北港搭乘南北之星快輪，只要 3 小時即可抵達南竿福澳港。好處是就算是霧季無法搭飛機，也能走海路順利來回，船上座位旁還有免費衛星 wifi 和充電插座，全票來回約 3400 元，約比機票便宜一至兩成。

　　若要前往東引、東莒和西莒，由於各船班路線有限，常常船班銜接不上車班。若假期有限又不想浪費時間等候，943 建議最省時的銜接方式如下：

- 第一天早上從台北港搭船到南竿，下午搭乘台灣好行「媽祖巨神像西線」。
- 第二天早起搭船到東莒搭乘台灣好行「東犬燈塔東莒線」，中午從東莒搭船至北竿，下午繼續參加北竿島「戰爭與和平公園線」。
- 第三天早上從北竿搭船至南竿，船班可銜接上午場的「媽祖巨神像東線」。

若想走東引，也可從南竿搭船至東引，下午搭乘「國之北疆線」，最後一天早上再從東引搭船到南竿，採買伴手禮，下午即可接上船班回台北港。

　　一般認為先走莒光再去東引，美景可如倒吃甘蔗，若照以上路線，就能在四天之內將南北竿、莒光、東引一次遊遍。雖然不太順路，但由於各島之間的交通船隻航班稀少，不易銜接，若假期有限，想要濃縮在馬祖的時間和住宿費用，跳島式順序值得考慮。

- 到馬祖旅行，建議自備水壺和牙刷等盥洗用具。由於馬祖列島大部分的垃圾都得送到本島的基隆焚化，為了減少垃圾量，馬祖地區的住宿不提供瓶裝水，但各大景點或碼頭、車站等旅遊要地都有飲水機可裝水。另外，各景點幾乎都有免費 wifi，上網非常方便。
- 馬祖由於地形起伏，需要上下階梯或爬坡的景點不少，例如芹壁及鐵堡都有許多階梯，前往媽祖巨神像也須爬山 30 分鐘，尤其東引各景點除了展示館及遊客中心以外，大部分的景點都較為損耗體力，計畫行程時最好加以留意。
- 馬祖的旅遊資訊常常會出現「卡蹓」兩字，意思是福州話的「來玩」。943 覺得到離島旅行最有趣的就是藉由截然不同的方言探訪當地文化，馬祖話屬於閩東的福州語系，聽起來和閩南語的差異非常大，外來遊客幾乎可說是完全聽不懂。請教了幾位馬祖在地人，發現有些名詞發音接近一點的例如雞腿「kay tui」的腿變成二聲，「你好」聽起來像「ㄅㄩ ㄏㄡ」，差異大的像是魚丸聽起來像「魚甕」，擀麵發音像「拱麵」，過年聽起來像「卓年」。完全無法想像關聯的則有：吃飯是「蟹薄」、很棒是「亞爸」，好傻好天真是「南萌」，姊姊是「伊家」，謝謝是「夏涼」，只有很美聽起來則像「壓軸」，很好記。聽當地老人家講馬祖話，就像進入異國一般有趣，是另一種深度文化體驗呀！

北竿的戰爭和平公園線的兩大重點就是戰爭和平紀念公園和芹壁，途中經過的其他景點也各有特色，例如因細白沙灘而被稱為「糖沙」的塘后沙灘、全馬祖海拔最高的壁山觀景台，和設有免稅伴手禮店和輕食咖啡的北竿遊客中心。行程繞北竿一圈，重要景點都可一次巡禮完畢。

地中海風情的石頭屋聚落

北竿戰爭和平公園線 乘車路線 221

1 塘岐村（北竿機場）

★ 2 戰爭和平公園

3 塘后沙灘

★ 4 橋仔聚落

5 壁山觀景台

★ 7 芹壁聚落

6 北竿遊客中心

8 塘岐村（北竿機場）

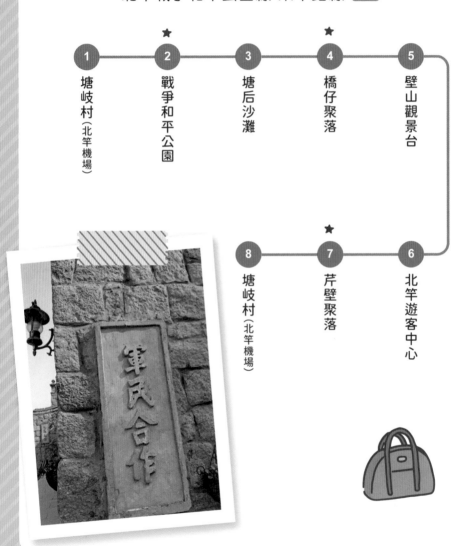

 戰爭和平紀念公園

　　到馬祖觀光的第一站，來到宛如小型博物館的戰爭和平紀念公園是不錯的選擇。藉由館內展示和台灣好行隨車導覽人員的介紹，在短時間內就能對馬祖列島的歷史及地理有了粗淺的認識。

　　最令943印象深刻的是一些生活刻苦的成年往事，像是馬祖在軍管時期曾駐紮高達五萬大軍，因軍中沒有熱水洗澡，所以過去馬祖街道上有不少營業的「浴室」，讓每週放假出營的阿兵哥們能夠洗個熱水澡。

　　另外，由於馬祖是前線中的前線，因此當年所有能漂浮的球類都列入管制，學校體育課使用籃球必須具名出借，使用完畢必須放掉所有氣體才能歸還。當時馬祖的收音機也只能聽錄音帶，而沒有收聽廣播的功能。

📍 戰爭和平紀念公園

🗻 連江縣北竿鄉北竿戰爭和平紀念園區

📞 0836-25631

🕓 週四～週日 8:30-12:30、13:30-17:00，週三休。

芹壁和藍眼淚並稱馬祖旅遊兩大亮點。位於北竿西北方的芹壁聚落，清末時期由於海防因素，山坡上的花崗石屋一律背山面海而建，並且不約而同地避免遮住後方鄰居的視線，以便村民相互守望、防禦敵人入侵。

芹壁漁業沒落後，昔日以補蝦皮為生的村民開始出走，到外地謀生，留下的空屋經改裝整修後多半作為咖啡店或民宿，新舊交替的階梯與斑駁的石牆，營造出令人忍不住拿起相機捕捉的美麗畫面。天氣晴朗時，櫛比鱗次的石頭屋、蔚藍大海及波濤中的龜島，媲美地中海的山城風情。943建議別錯過當地的小細節，像是芹壁境天后宮前的石獅、芹壁獨特的青蛙神鐵甲元帥、牆上石刻的軍事標語等，都是入鏡的好題材。

還有馬祖隨處可見的「壓瓦石」，由於離島風大，所以當地傳統建築的覆瓦之間會再鋪一層仰瓦，整整齊齊地逐一以石塊壓住。不用灰泥封住，屋瓦毀壞時只要拿起石塊便可維修，十分便利，再加上「牆不過瓦」，可防止強風掀走屋頂。

 ## 橋仔聚落

若想了解馬祖特殊的民俗文化，造訪有「廟村」之稱的橋仔聚落是很不錯的方式。

這裡昔日曾是北竿商業最繁盛的轉運港，因此廟宇林立，後來隨著人口外移沒落。馬祖的信仰不同於台灣，每尊神像都有一座香爐，形成神明比居民還常見、香爐比灶爐還多的特殊景象。

造訪橋仔聚落不可錯過的是「三廟一體」的玄天上帝、山西靈台宮和玄壇宮，三座廟宇同建一地，是爲「三合殿」，也是相當少見的景觀。在此能欣賞閩東獨有的「封火山牆」建築，這是爲了火災時阻隔火勢蔓延的山牆設計，也成了馬祖的象徵之一。

台灣好行的導覽人員也會詳細解說馬祖與台灣截然不同的宗教習俗，除了「一神一香爐」以外，參拜馬祖的廟宇前必須先取一張供桌上的「除穢紙」，點燃後做勢在自己身上及兩手間燒去穢氣，淨手及破穢完畢再開始焚香禱告、擲筊求籤。類似台灣廟宇收驚時用點燃的線香掃除人身上的煞氣，也有點像參拜日本神社前必須先在手水舍洗手漱口的淨身禮節。

　　值得一提的是，三合殿玄天上帝的求籤方式沒有籤筒，非常特別，不像台灣都是手抽，或東南亞廟宇大多是搖晃籤筒讓竹籤掉出，此地卻是以擲筊陰陽的排列組合來求籤，例如若擲出「聖、陰、陽」或「陽、聖、陽」的筊杯，就各自對應不同的詩句，是為「杯詩」而非一般的「籤詩」。大殿牆上還有從清代乾隆年間保存至今的木刻杯譜，相當難得一見。

　　搭乘早上的媽祖巨神像路線之前，943 建議先到起站介壽車站旁的介壽獅子市場吃早餐。這裡是馬祖唯一的傳統市場，從早上 6 點開市，到 9 點多陸續收攤。若想吃到各種馬祖特色小吃，到介壽獅子市場就對了！市場二樓從入口依序有阿妹的店鼎邊糊、陳家蚵餅、寶利軒繼光餅、福臨老酒麵線、黃金地瓜餃等攤位，都是人氣美食。

　　搭乘上午東線回到終點介壽公車總站後，中午可就近在「萬家香二店」（萬家香一店已歇業），享用馬祖的「狗麵套餐」。狗麵其實就是福州話「擀麵」的意思，也就是餛飩湯與乾麵。因在地人與遊客不少，建議最好事先預約。

坑道酒香搖槳貢多拉

南竿媽祖巨神像線上午東線　乘車路線 121

★　　　★　　　　　　　★　　★　　　　　★
1 ── 2 ── 3 ── 4 ── 5 ── 6 ── 7

1. 介壽公車總站
2. 馬祖酒廠＋八八坑道
3. 240大砲連
4. 大漢據點＋北海坑道＋遊客中心
5. 鐵堡
6. 津沙聚落
7. 介壽公車總站

 八八坑道

馬祖最著名的除了小吃，就是馬祖老酒了。

在馬祖酒廠附近有個原是當地居民躲避海盜的山洞，軍方進駐後擴建爲戰車坑道，因坑道長年潮濕不利於停放戰車，現作爲儲存馬祖老酒的所在。在這個花崗岩的坑道內還有數座被各大企業認購的巨大酒桶，長年維持攝氏 19 度以下，坑道內瀰漫著酒香，入口處成排的巨大酒甕是拍照取景的好地方。進入八八坑道前，務必噴一下放在洞口的酒精，這可是難得的馬祖限定高粱酒酒精，酒香撲鼻！而且這個以馬祖高粱做的特製品，卽使馬祖居民也只能分配到一戶一瓶，可說是非常珍貴呢！

📍 八八坑道

⛰ 連江縣南竿鄉復興村 208 號

📞 0836-22345　　🕐 8:40-11:30、13:40-17:00

 # 北海坑道

若造訪過金門的翟山坑道，建議來馬祖時也不可錯過北海坑道，這裡除了有雄偉的坑道，還有藍眼淚和有「馬祖貢多拉」之稱的鳳尾小船。

在藍眼淚的季節，搖櫓舢舨船和划獨木舟觀看藍眼淚的體驗行程，成了遊客最愛。坑內步道約 700 公尺，走完一圈約半個小時，但 943 要特別提醒大家，由於北海坑道周圍步道高度較低，常受潮水浸泡而有些濕滑，靠近終點的路段最好留意，小心不要滑倒。

> 📍 **北海坑道**
>
> ⛰ 連江縣南竿鄉北海坑道
> 📞 0836-22177
> 🕐 8:30–17:00、3/1-11/30 夜間採預約制 18:00-21:00

鐵堡

　　鐵堡可說是上午東線裡風景最美、最好拍的景點。別因為逛過金馬各軍事景點，就略過這裡，因為美麗的海景和漆成迷彩的階梯相映成趣，怎麼拍都好看。從階梯拾級而下，步入室內坑道中昔日士兵們的作戰和生活空間，映入眼簾的射擊口、砲台、位在水槽旁的上下鋪睡床、廁所等，以及圈養軍犬的狹小空間、外牆的碎玻璃，還有為了拖慢敵人上岸而種植的帶刺瓊麻等作戰植物，都讓人感受到濃濃的戰地風情。

　　彎曲的坑道令 943 想起陽明山上的「地下總統府」防空洞，而離島從未間斷的浪濤聲，則營造了一股置身天涯海角的荒漠感。

📍 鐵堡

🏠 連江縣南竿鄉鐵堡

📞 0836-25630

　　南竿媽祖巨神像線的下午西線行程，是從馬港站出發，沿途經過天后宮站（媽祖巨神像）和藍眼淚生態館後，也會停留被列入小百岳第 98 的雲台山。雲台山海拔僅約 248 公尺，還有巴士直達山頂，可能是最容易攻頂的小百岳之一了吧！就算平常沒有登山的習慣，也可在此留下與小百岳「雲台山」石碑合影的紀念照。其後的「民俗文物館」站則是認識馬祖生態、歷史與文化的好地方，可在此聆聽導覽介紹馬祖在國際上倍受注目的珍稀神話之鳥「黑嘴端鳳頭燕鷗」、歷史老照片和閩東建築等文化特色。回到終點介壽公車總站後，舊名「山隴」的介壽村是馬祖最熱鬧的一條街，有馬祖唯一的傳統市場，也是少數有便利商店的地區之一，不妨順便在此採買伴手禮，如馬祖老酒、馬祖魚麵、紅糟醬等商品帶回家。

到馬祖向媽祖祈福

南竿媽祖巨神像線下午西線　乘車路線 122

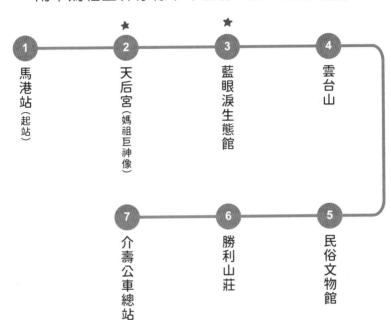

1 馬港站 (起站)

★
2 天后宮 (媽祖巨神像)

★
3 藍眼淚生態館

4 雲台山

5 民俗文物館

6 勝利山莊

7 介壽公車總站

221

相傳馬祖是因為媽祖之墓在馬祖，故得此名。在馬祖境天后宮大殿內正中央的石棺，就是傳說中媽祖升天後葬於此地的靈穴。從一旁的步道走上山約半個多小時，即可看到耗時 10 年以上才完工、慈眉俯視海洋的媽祖巨神像和觀景平台。媽祖巨神像由 365 塊花崗岩建構而成，象徵「365 日都平安」，神像高度含避雷針達 29.6 公尺，是全世界最高的媽祖像。這個高度代表媽祖庇佑總面積 29.6 平方公里的馬祖四鄉五島，守護廣大信眾。有趣的是，神像下方還別有洞天，據說當時依媽祖指示將神轎停放在此，才發現底下有個舊戰備坑道，現在遊客可從神轎下方進入內有 LED 燈的坑道，就是獨樹一格的「鑽神轎」祈福了。

 藍眼淚生態館

不少人想看馬祖藍眼淚，雖然去的季節對了，卻往往受限氣候等因素，不一定有緣得見。因此海洋大學將水產試驗所改建為藍眼淚生態館，在這除了觀賞藍眼淚和馬祖生態的介紹展覽外，還能藉由擾動室內玻璃盆中的海水，例如對著水盆吹氣、用試管滴水到盆中等方式「喚醒」被稱為藍眼淚的夜光蟲，發出湛藍的美麗光芒。藍眼淚生態館門票 350 元，不包含在台灣好行的車票中，需要自費加購門票，但若搭配台灣好行車票購買含有藍眼淚生態館門票的套票，票價可便宜 100 元。若想無痛欣賞馬祖藍眼淚，到生態館則 100% 看得到。

📍 馬祖藍眼淚生態館

🏣 連江縣南竿鄉四維村 24 號

📞 0836-23338

🕙 10:00-12:00、13:30-17:40、18:40-21:00

🏷 全票 350 元、優待票 250 元

ACROSS 69

跟著 943 搭台灣好行：15 元起跳的自遊提案

作者	943
責任編輯	龔橞甄
校對	劉素芬
封面設計	江麗姿
內頁排版	江麗姿

總編輯	龔橞甄
董事長	趙政岷
出版者	時報文化出版企業股份有限公司
	108019 臺北市和平西路三段二四〇號四樓
	發行專線　02-2306-6842
	讀者服務專線　0800-231-705・02-2304-7103
	讀者服務傳真　02-2304-6858
	郵撥 19344724　時報文化出版公司
	信箱 10899　臺北華江橋郵局第 99 信箱
時報悅讀網	www.readingtimes.com.tw
法律顧問	理律法律事務所陳長文律師、李念祖律師
印刷	華展印刷有限公司
初版一刷	2023 年 4 月 14 日
初版四刷	2024 年 1 月 22 日
定價	400 元

缺頁或破損的書，請寄回更換

時報文化出版公司成立於一九七五年，
並於一九九九年股票上櫃公開發行，於
二〇〇八年脫離中時集團非屬旺中，以
「尊重智慧與創意的文化事業」為信念。

跟著 943 搭台灣好行：15 元起跳的自遊提案 /943
著 . -- 初版 . -- 臺北市：時報文化出版企業股份有限
公司, 2023.04
面；　公分 .

ISBN　978-626-353-638-8(平裝)

1.CST: 自助旅行 2.CST: 臺灣遊記

733.69　　　　　　　　　　　　　　112003553

ISBN 978-626-353-638-8
Printed in Taiwan